Einstern
leicht gemacht

2

Themenheft 1

★ Die Zahlen bis 100 ★ Muster, Reihen, Wege
★ Sachaufgaben Teil 1 ★ Symmetrie

Erarbeitet von Roland Bauer und Jutta Maurach

In Zusammenarbeit mit der Redaktion Mathematik Grundschule

Cornelsen

Inhaltsverzeichnis

1 Bündle erst 10. Trage dann in die Stellentafel ein.

a)

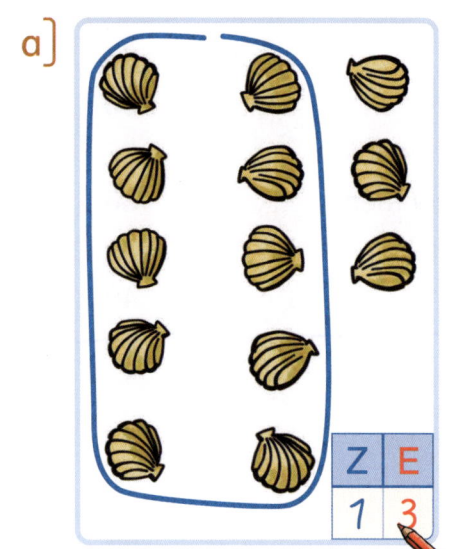

Z	E
1	3

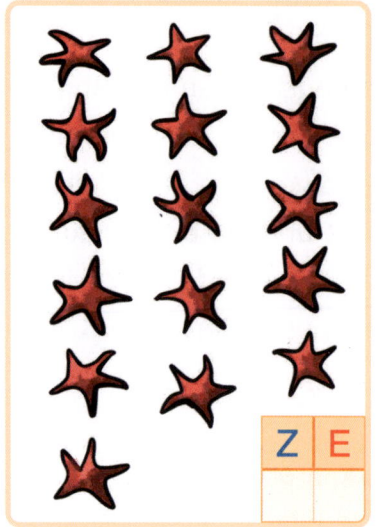

Z	E

Z	E

b)

Z	E

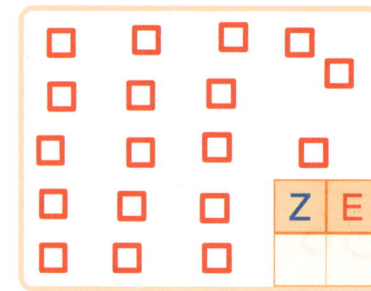

Z	E

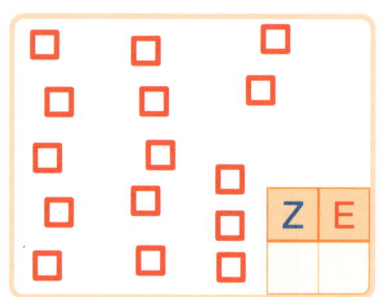

Z	E

2 Schreibe als Zahl.

a)

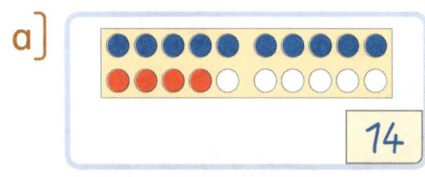

14

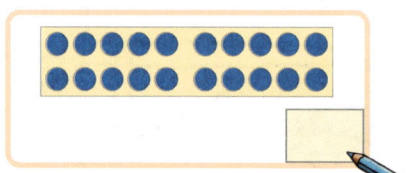

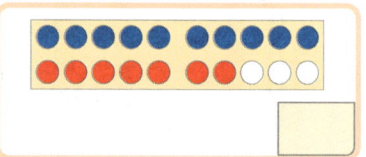

b)

Z	E
1	6

Z	E
1	9

Z	E
1	8

3 Löse die Aufgaben.

a) 10 + 3 = ☐

10 + 6 = ☐

10 + 9 = ☐

b) 10 + 1 = ☐

10 + 7̶ = ☐

10 + 2 = ☐

c) 10 + ☐ = 15

10 + ☐ = 18

10 + ☐ = 10

★ zu 10 bündeln und Anzahl in der Stellentafel notieren
★ verschiedene Zahldarstellungen im Zahlenraum bis 20 wiederholen und üben
★ Aufgaben zur Zahlbildung wiederholen und üben

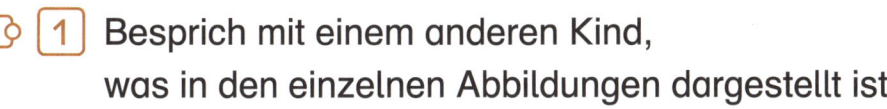

1 Besprich mit einem anderen Kind,
was in den einzelnen Abbildungen dargestellt ist.

2 Finde selbst Beispiele und präsentiere diese in der Klasse.
Du kannst 100 Gegenstände zusammenstellen, zeichnen oder fotografieren.

★ Vorstellungen zur Zahl 100 aufbauen ★ SF: Darstellungen zur Anzahl 100 beschreiben
★ MK: eigene Beispiele finden, recherchieren, zeichnen, fotografieren, zusammenstellen
und in einer Ausstellung präsentieren

5

1 Suche dir ein anderes Kind.
Nennt euch abwechselnd Zehnerzahlen.
Legt sie mit Zehnerstreifen.

2 Verbinde jedes Bild mit der passenden Zehnerzahl.

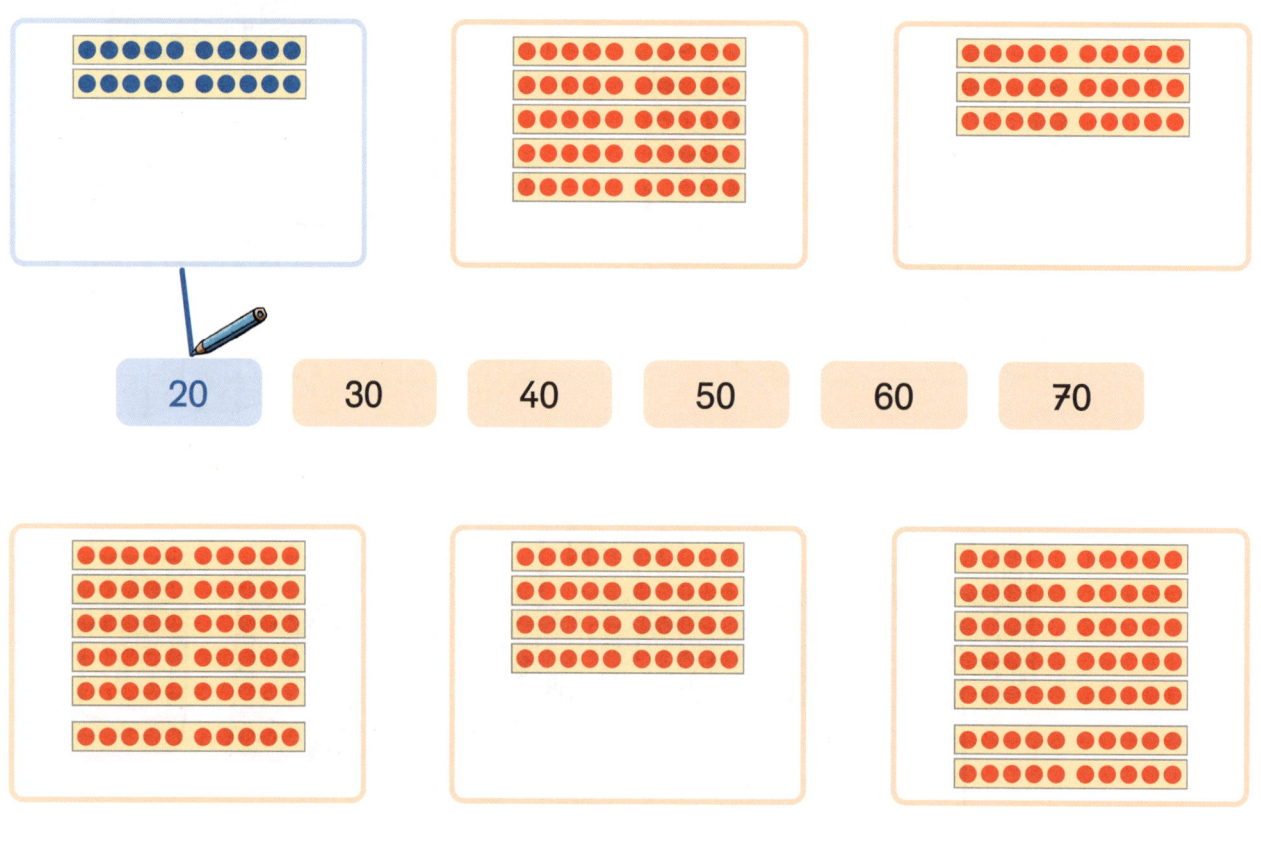

20   30   40   50   60   70

3 Zeichne zu den Zehnerzahlen Bilder.

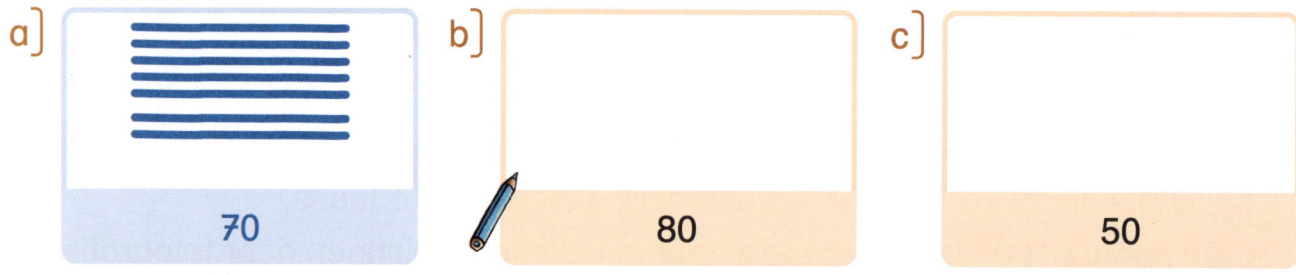

a) 70   b) 80   c) 50

★ Zehnerzahlen mit Zehnerstreifen darstellen
★ Zehnerstreifen mit passenden Zehnerzahlen verbinden
★ Zehnerzahlen bildlich darstellen

10 – zehn	20 – zwanzig	30 – dreißig	40 – vierzig
50 – fünfzig	60 – sechzig	70 – siebzig	80 – achtzig
90 – neunzig	100 – einhundert		

1 Verbinde Zahl und Zahlwort.

20	fünfzig	60	einhundert
40	zwanzig	100	achtzig
50	vierzig	80	sechzig
30	zehn	70	neunzig
10	dreißig	90	siebzig

2 Schreibe als Zahl und als Zahlwort.

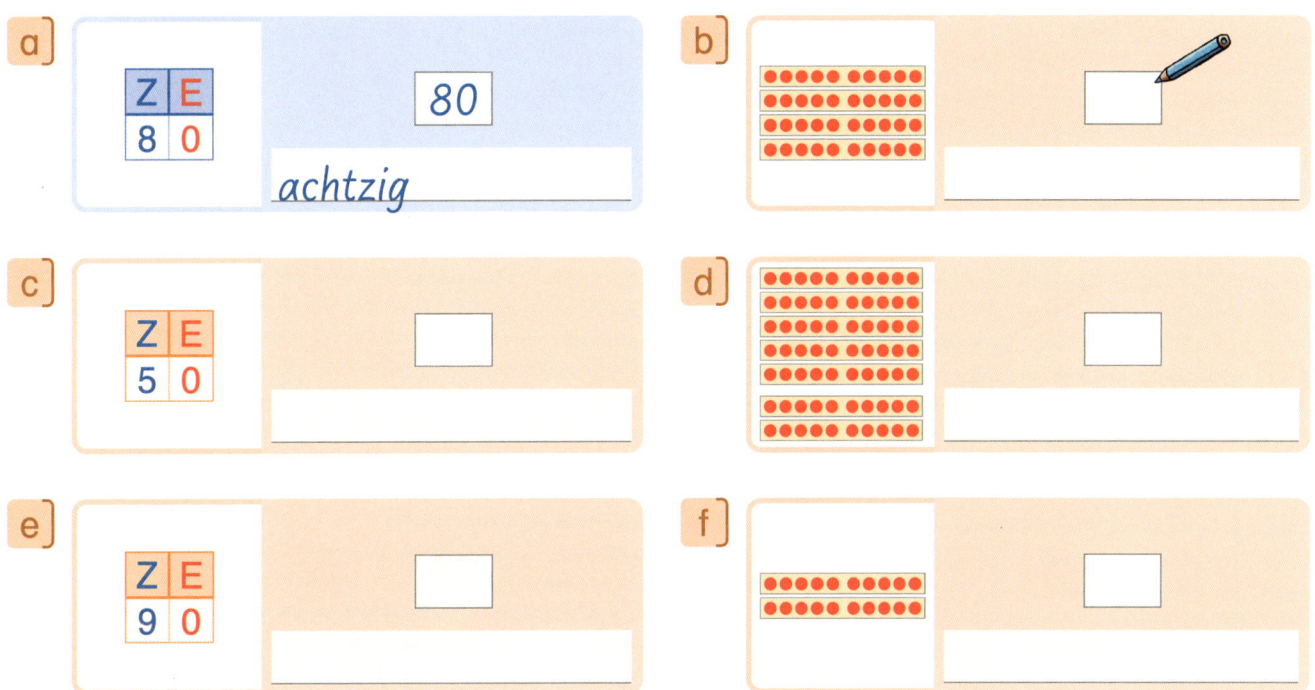

a)

Z	E
8	0

80
achtzig

b)

c)

Z	E
5	0

d)

e)

Z	E
9	0

f)

30 < 50	50 = 50	50 > 30
30 **ist kleiner als** 50.	50 **ist gleich** 50.	50 **ist größer als** 30.

1 Suche dir ein anderes Kind. Legt abwechselnd Vergleiche mit Zahlen bis 10 und die dazu passenden Vergleiche mit Zehnerzahlen.

50 ist größer als 30.

5 ist größer als 3.

2 Setze die Zeichen <, > oder = passend ein.

a)

b)

c)

60 ◯ 80

d) 40 > 20
   80 ◯ 90

e) 60 ◯ 70
   40 ◯ 40

f) 30 ◯ 100
   50 ◯ 10

3 Setze passende Zehnerzahlen ein.

a) 30 < 40
   50 < ▭

b) 60 > ▭
   80 > ▭

c) 70 = ▭
   20 = ▭

4 Ordne die Zehnerzahlen der Größe nach.

a) Beginne mit der kleinsten Zahl.

~~10~~   70   ~~30~~   50

10 < 30 < ▭ < ▭

b) Beginne mit der größten Zahl.

~~100~~   40   80   60

100 > ▭ > ▭ > ▭

★ **SF:** Zehnerzahlen unter Verwendung der Begriffe „ist kleiner als", „ist größer als" und „ist gleich" vergleichen ★ bei Zahlvergleichen passende Relationszeichen oder Zahlen finden ★ Zahlen der Größe nach ordnen

1 Suche dir ein anderes Kind.
Legt Plus- und Minusaufgaben mit Zehnerstreifen.
Sprecht wie Tim und Lea.

2 Zehner plus 3 Zehner sind zusammen 5 Zehner.

$20 + 30 = 50$

2 Rechne.

a)
$50 + 20 = \boxed{}$

$30 + 60 = \boxed{}$

$80 + 20 = \boxed{}$

$10 + 40 = \boxed{}$

b)
$60 - 40 = \boxed{}$

$80 - 50 = \boxed{}$

$90 - 60 = \boxed{}$

$70 - 20 = \boxed{}$

$5 + 2 = 7$

Die kleine Aufgabe hilft mir.

c)
$20 + \boxed{} = 100$

$50 + \boxed{} = 100$

$70 + \boxed{} = 100$

$40 + \boxed{} = 100$

d)
$100 - \boxed{} = 90$

$100 - \boxed{} = 30$

$100 - \boxed{} = 50$

$100 - \boxed{} = 80$

3 Ergänze passend.

a) **70**

50	20
10	
40	
30	

b) **90**

	70
	40
	20
	60

c) **100**

90	
30	
	60
	100

1 Suche dir ein anderes Kind.

Legt viele Steckwürfel oder Holzwürfel aus.

Schätzt zuerst die Anzahl und bestimmt sie dann wie Lea und Tim.

2 Zehner und 8 Einer sind 28.

2 Bestimme die Anzahl. Übertrage dazu die Anzahl der Zehner und Einer in die Stellentafel und bilde eine Plusaufgabe.

a)

Z	E
2	4

20 + 4 = 24

b)

Z	E

☐ + ☐ = ☐

c)

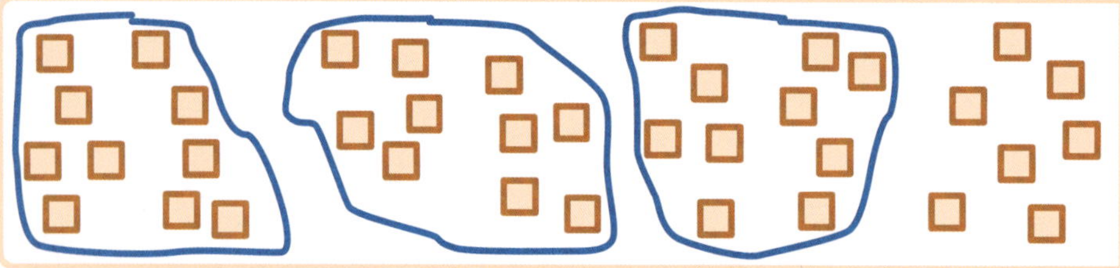

Z	E

☐ + ☐ = ☐

d)

Z	E

☐ + ☐ = ☐

AH 6

★ Anzahlen von ausgelegten Steck- oder Holzwürfeln schätzen und zählen
★ Zehnerbündelung als Zählhilfe nutzen
★ Zehner-Einer-Struktur in der Stellentafel und als Plusaufgabe notieren

1 Suche dir ein anderes Kind.

Legt euch gegenseitig Zahlen aus Zehnerstreifen und Plättchen.

Sprecht wie Lea.

Malt, schreibt und sprecht wie Tim.

2 Notiere in der Stellentafel.

Schreibe die passende Zahl und die passende Plusaufgabe auf.

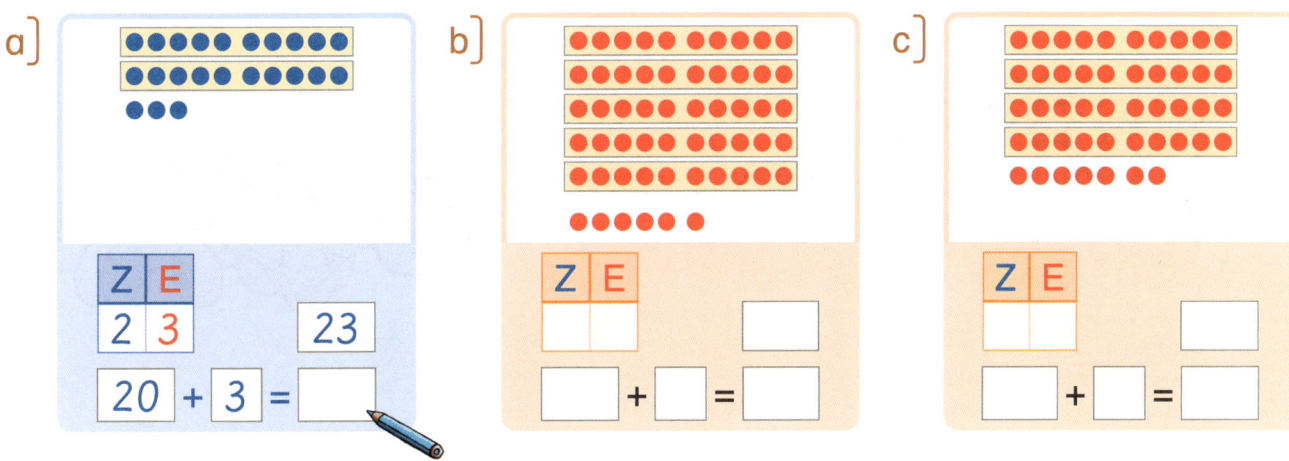

3 Zeichne zu den Zahlen Bilder.

★ **SF:** Zahlen mit Zehnerstreifen und Plättchen legen, notieren und benennen
★ bildlich dargestellte Zahlen in der Stellentafel, als Zahl und als Plusaufgabe notieren
★ Zahlen bildlich darstellen

ÜH 3   AH 7   B   **11**

Immer 10 passen in einen Karton.

1 Notiere in der Stellentafel.
Schreibe die passende Plusaufgabe auf.

a]

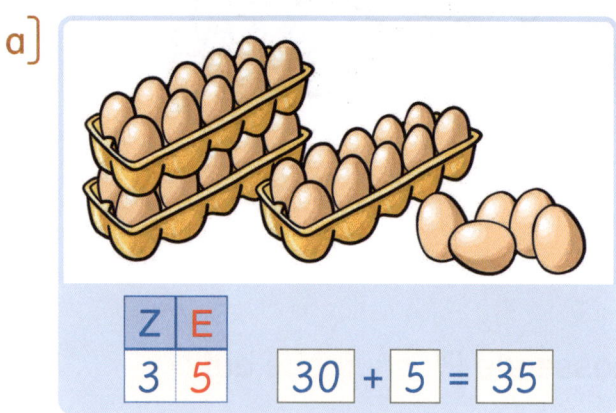

Z	E
3	5

30 + 5 = 35

b]

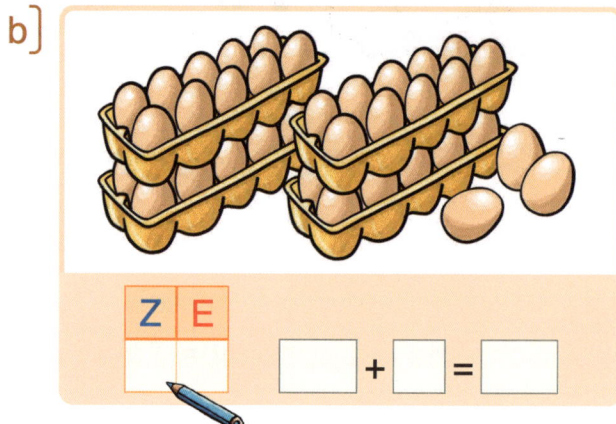

Z	E

☐ + ☐ = ☐

c]

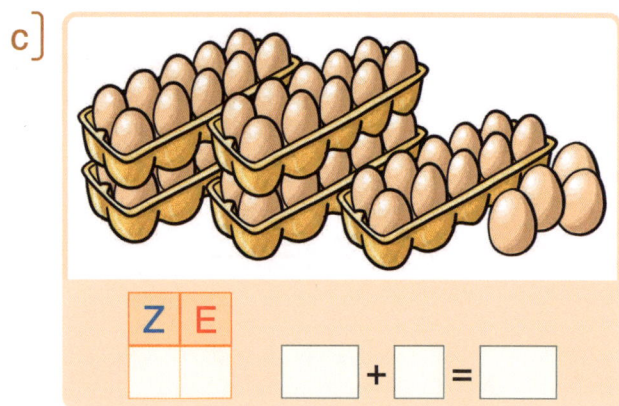

Z	E

☐ + ☐ = ☐

d]

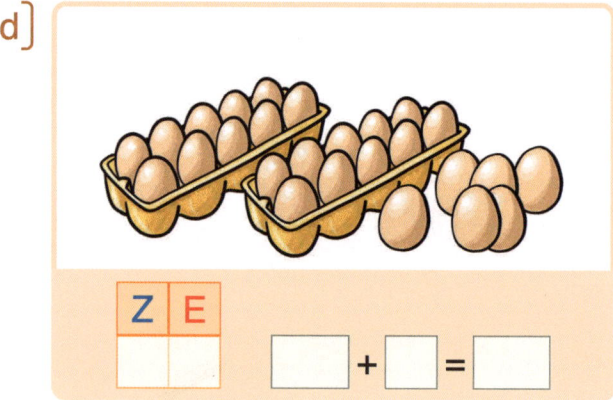

Z	E

☐ + ☐ = ☐

e]

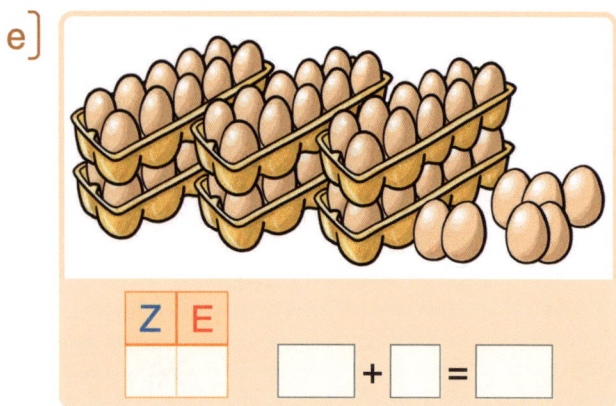

Z	E

☐ + ☐ = ☐

f]

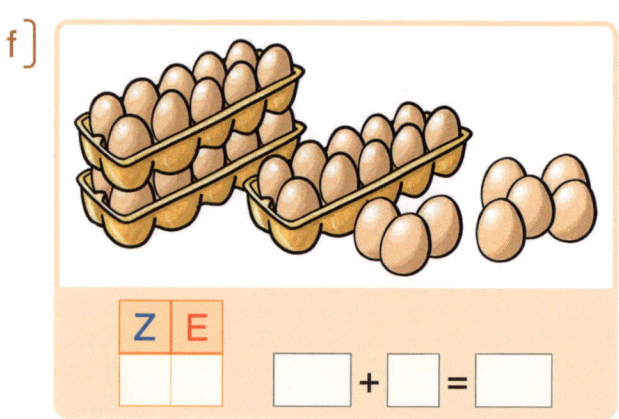

Z	E

☐ + ☐ = ☐

★ bildlich dargestellte Anzahlen in der Stellentafel und als Plusaufgabe notieren

In jeder Zeile sind 10 Plättchen. Es gibt 10 Zeilen.

das **Hunderterfeld**

1 Schreibe zu jedem Punktebild die passende Zahl auf.

a] 50

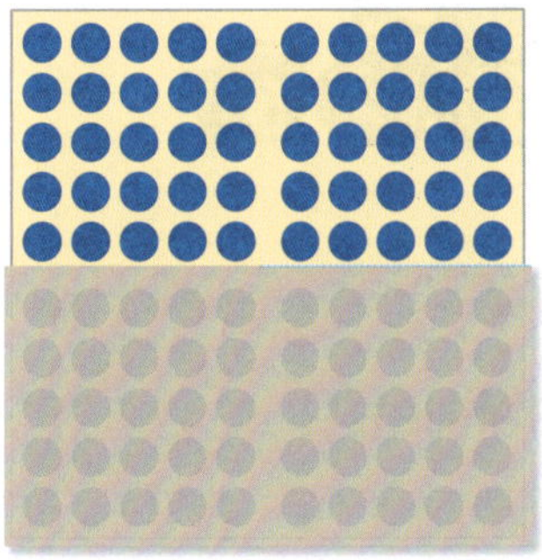

b]

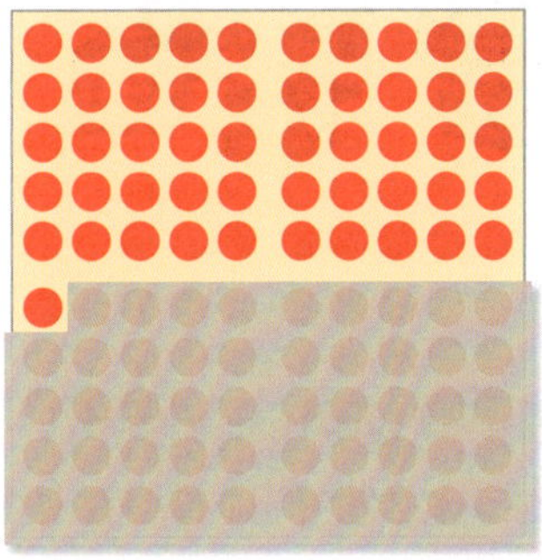

c]

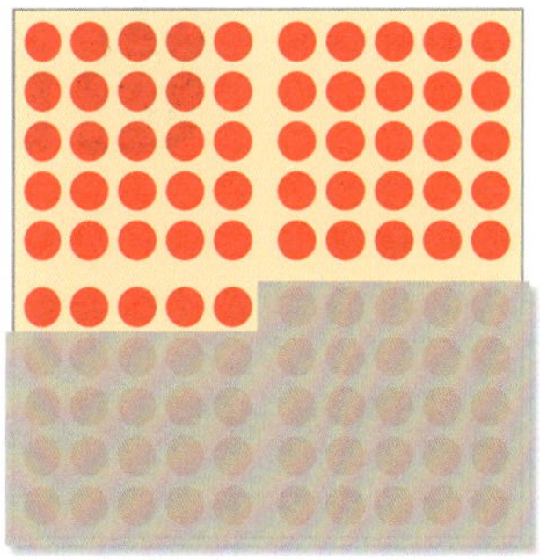

d]

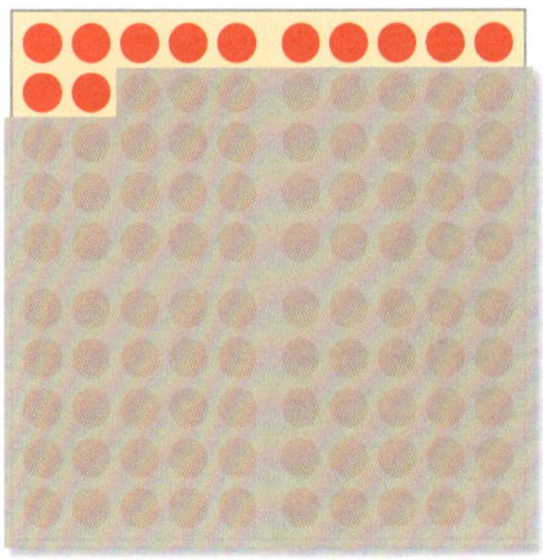

e]

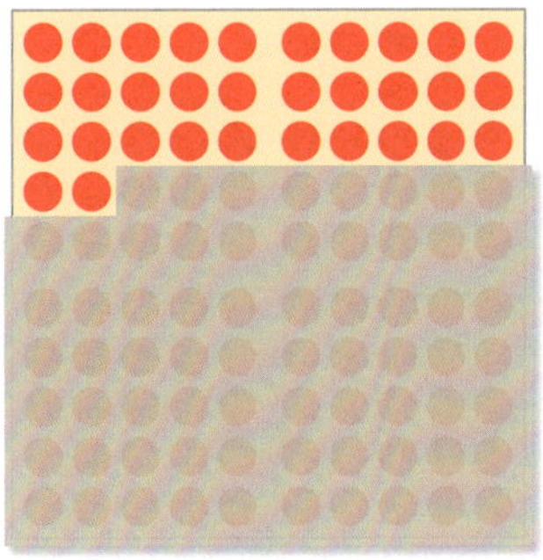

f]

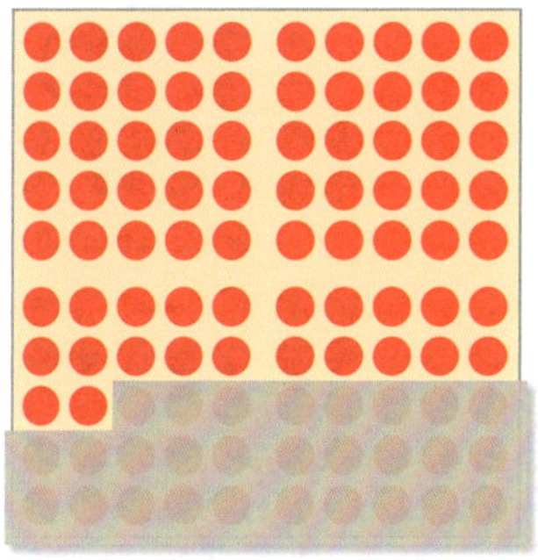

2 Suche dir ein anderes Kind. Nennt euch gegenseitig Zahlen bis 100 und zeigt diese am Hunderterfeld.

28

1 Suche dir ein anderes Kind. Nehmt euch Plättchen oder Steckwürfel.
Legt eine große Menge davon aus. Schätzt zuerst die Anzahl.
Zählt dann nach. Nehmt auch andere Dinge.

2 Links und rechts sind jeweils gleich viele Dinge abgebildet.
Schätze immer zuerst die Anzahl in dem linken Kasten.
Bestimme dann die Anzahl durch Zählen.

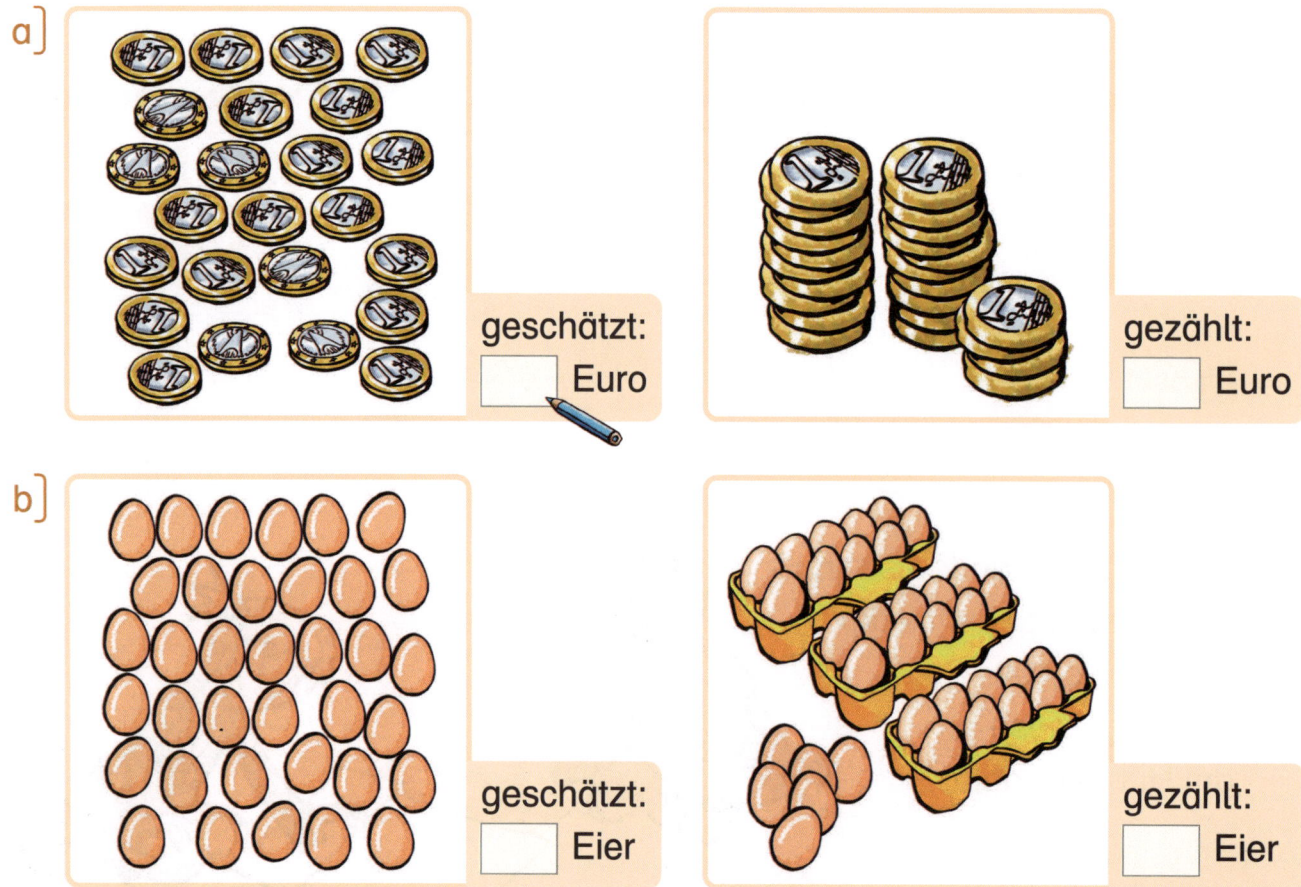

a)

geschätzt:
☐ Euro

gezählt:
☐ Euro

b)

geschätzt:
☐ Eier

gezählt:
☐ Eier

AH 8

★ Anzahlen bis 100 schätzen
★ Anzahlen unter Verwendung der Zehner-Einer-Struktur bestimmen

achtundzwanzig

8
20
28

Ich spreche zuerst die Einer und schreibe zuerst die Zehner.

| eins | zwei | drei | vier | fünf | sechs | sieben | acht | neun |

zehn zwanzig dreißig vierzig fünfzig

sechzig siebzig achtzig neunzig einhundert

1 Verbinde Zahl und Zahlwort.

71 — einundsiebzig

sechsundneunzig

96

42 siebenundzwanzig

27 zweiundvierzig

86 achtundfünfzig

58 sechsundachtzig

93 zweiundsiebzig

72 dreiundneunzig

2 Schreibe als Zahl und als Zahlwort.

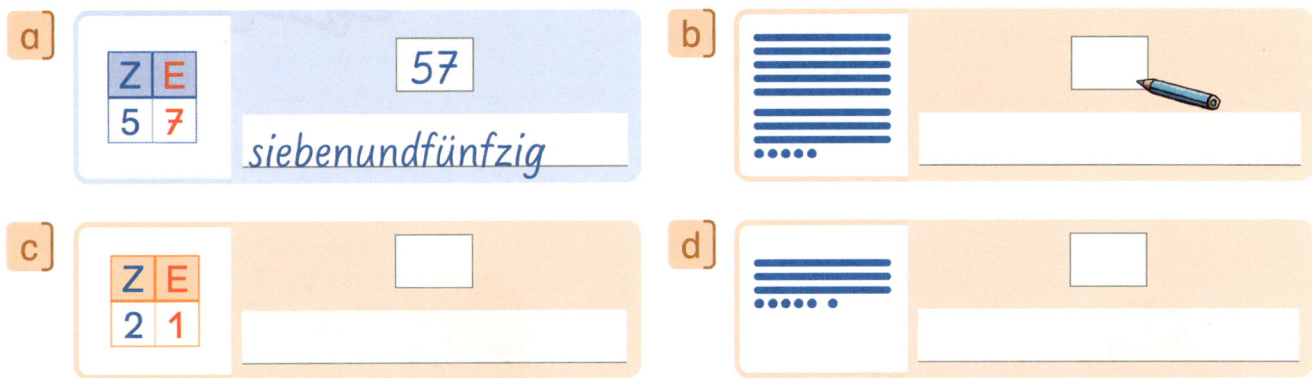

a)

Z	E
5	7

57

siebenundfünfzig

b)

c)

Z	E
2	1

d)

3 Diktiert euch gegenseitig diese Zahlen. Kontrolliert gemeinsam.

47, 63, 52, 84, 25, 91, 38, 79

Seite 15 Aufgabe 3

4 7, …

1 Löse die Zahlenrätsel.

Meine Zahl hat 7 Einer und 2 Zehner.

Meral

27

Meine Zahl hat 5 Zehner und 8 Einer.

Mai-Lin

Meine Zahl hat 4 Zehner und doppelt so viele Einer.

Lea

Meine Zahl hat 6 Einer und halb so viele Zehner.

Tim

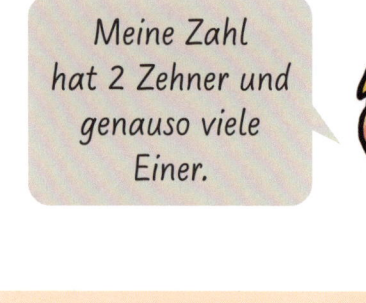

Meine Zahl hat 2 Zehner und genauso viele Einer.

Janek

Meine Zahl hat 5 Einer und liegt neben 46.

Ole

Meine Zahl liegt zwischen 40 und 50 und beide Ziffern sind gleich.

Lena

Meine Zahl liegt zwischen 70 und 80 und hat 5 Einer.

Max

D 6   ★ SF: Zahlenrätsel lösen

1 Lea und Tim haben vier Ziffernkarten und legen damit zweistellige Zahlen.
Löse ihre Zahlenrätsel.
Schreibe alle Möglichkeiten auf.

a) *Meine Zahl hat an der Einerstelle eine 2. Wie kann sie heißen?*

b) *Meine Zahl hat an der Zehnerstelle eine 6. Wie kann sie heißen?*

Tim: _____

Lea: _____

2

a) Welche zweistelligen Zahlen kannst du aus diesen Ziffern
zusammensetzen?
Probiere und schreibe die Zahlen auf.

 25, _____

b) Stelle deine Lösungen einem anderen Kind vor.

3

a) Schreibe die größte zweistellige Zahl auf,
die du aus den Ziffern bilden kannst. ☐

b) Schreibe die kleinste zweistellige Zahl auf,
die du aus den Ziffern bilden kannst. ☐

★ aus Ziffernkärtchen zweistellige Zahlen bilden
★ beim Finden aller Möglichkeiten systematisch vorgehen
★ SF: Vorgehen beschreiben

17

1 Wähle zwei Muster aus.
Zeichne sie ab und setze sie fort.

Muster aus Quadraten

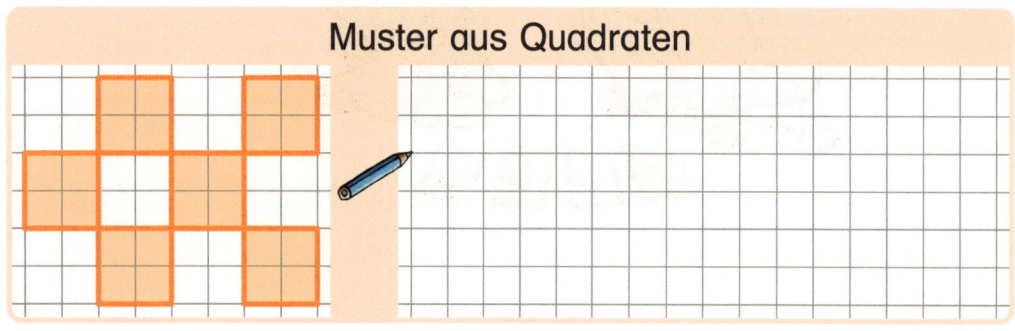

Muster aus Dreiecken

Muster aus Rechtecken

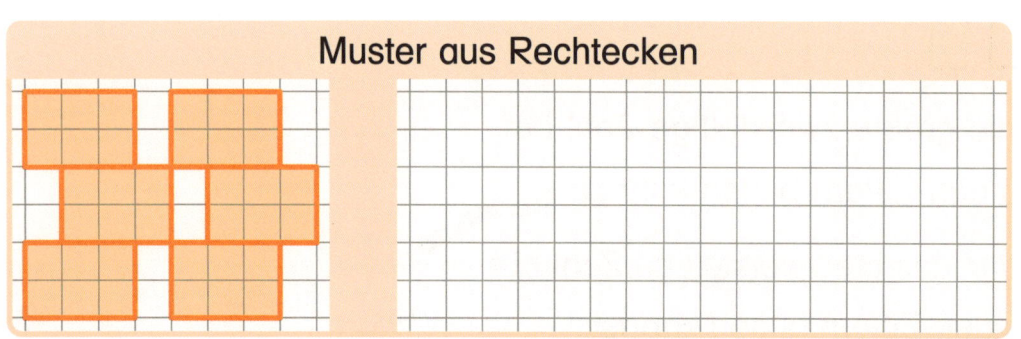

 AH 9

★ Strukturen in Mustern aus geometrischen Grundformen erkennen
★ Muster abzeichnen und fortsetzen

1 Wähle ein Muster aus.
Zeichne es ab und setze es fort.

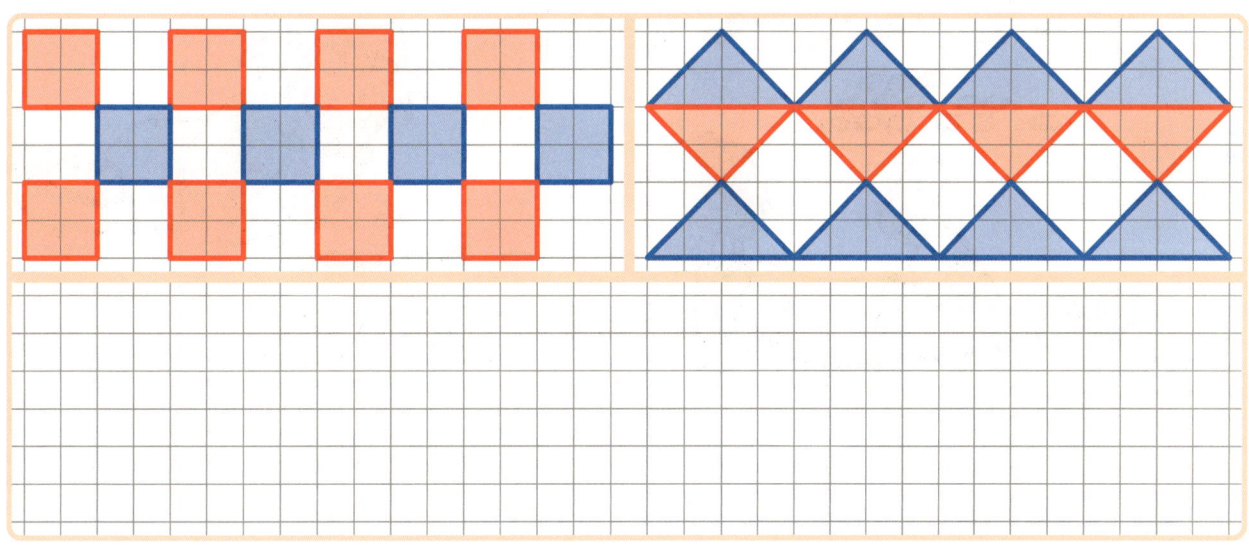

2 Setze das Muster fort.

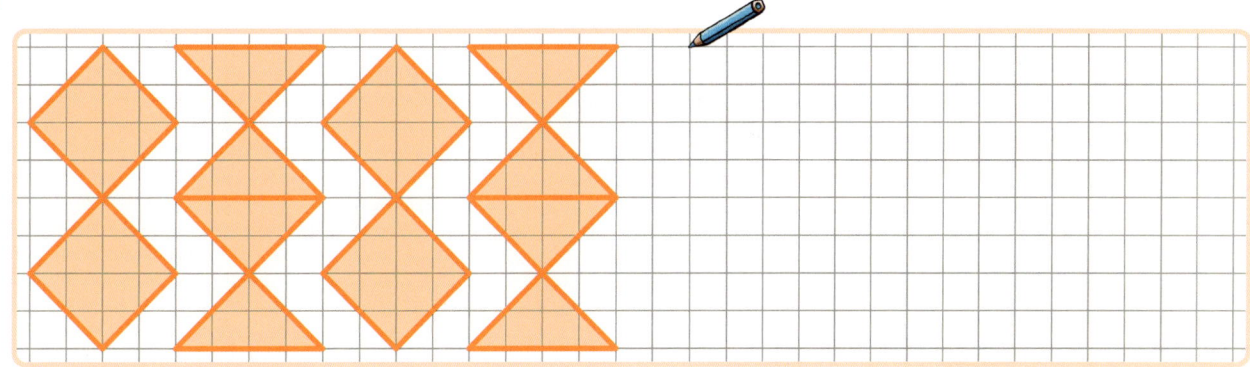

3 Zeichne ein eigenes Muster.

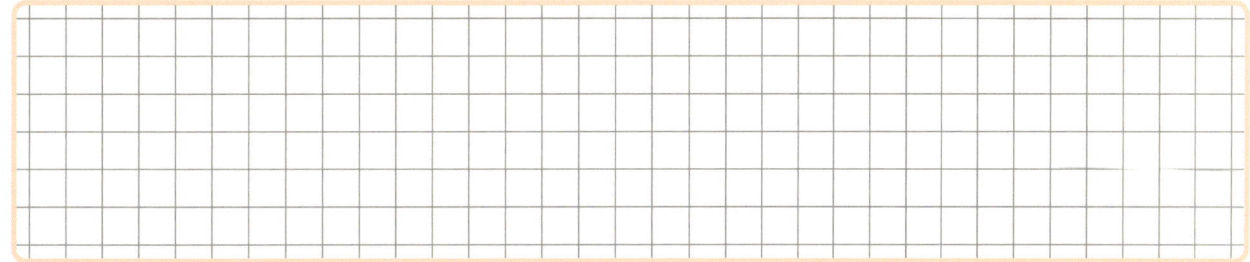

4 Stelle dein Muster einem anderen Kind vor.
Beschreibe es und begründe, warum es ein Muster ist.

★ Muster aus geometrischen Grundformen abzeichnen und fortsetzen
★ ein eigenes Muster aus geometrischen Grundformen zeichnen
★ SF: eigenes Muster beschreiben und begründen, warum es ein Muster ist

1 | Suche dir ein anderes Kind. Legt Reihen aus verschiedenen Gegenständen.

2 | Setze die Reihen fort.

a)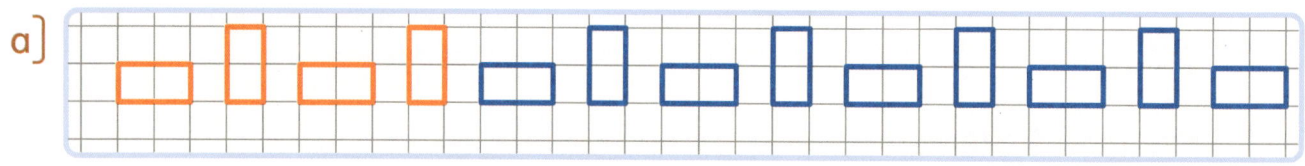

b)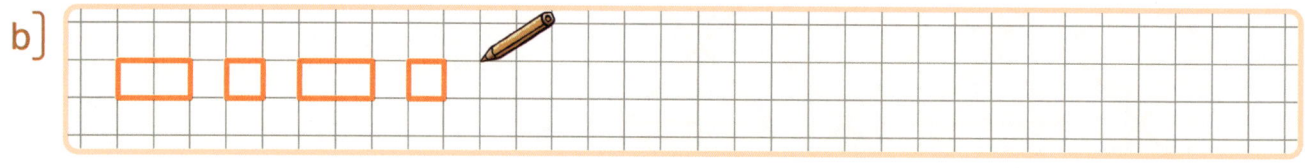

c)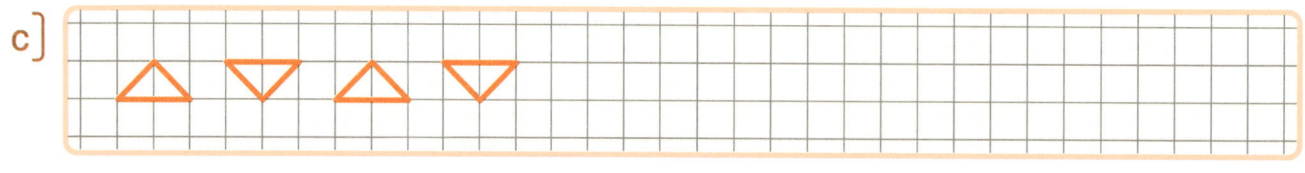

d)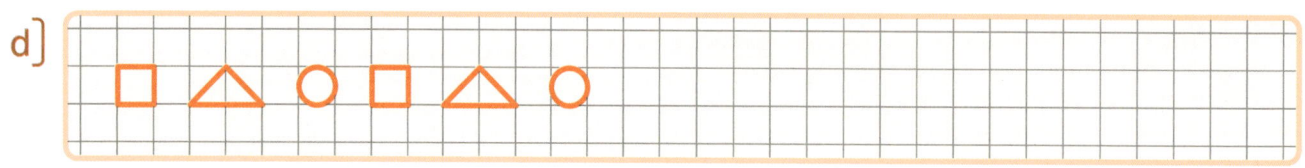

3 | Zeichne eine eigene Reihe.

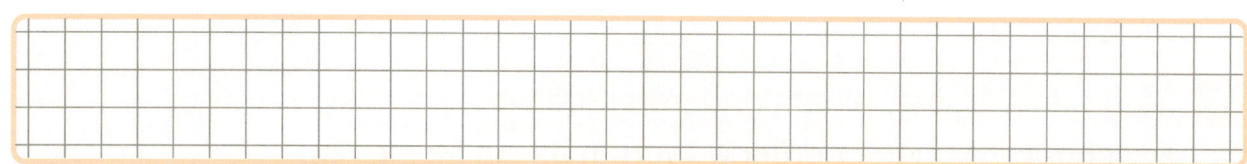

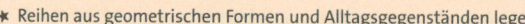
* Reihen aus geometrischen Formen und Alltagsgegenständen legen
* Strukturen in Reihen aus geometrischen Grundformen erkennen und Reihen fortsetzen
* eine eigene Reihe zeichnen

1 Finde heraus, welches Bild nicht in die Reihe passt. Streiche es durch.

a
| 5€ 1 | 20€ 2 | 10€ 3 | ~~10ct~~ 4 | 50€ 5 |

b

c
| 1112 1 | 1113 2 | 1114 3 | 1151 4 | 1116 5 |

d

e

2 Erkläre einem anderen Kind,
warum die durchgestrichenen Bilder in Aufgabe 1
nicht in die Reihe passen.

3 Setze die Reihe fort.

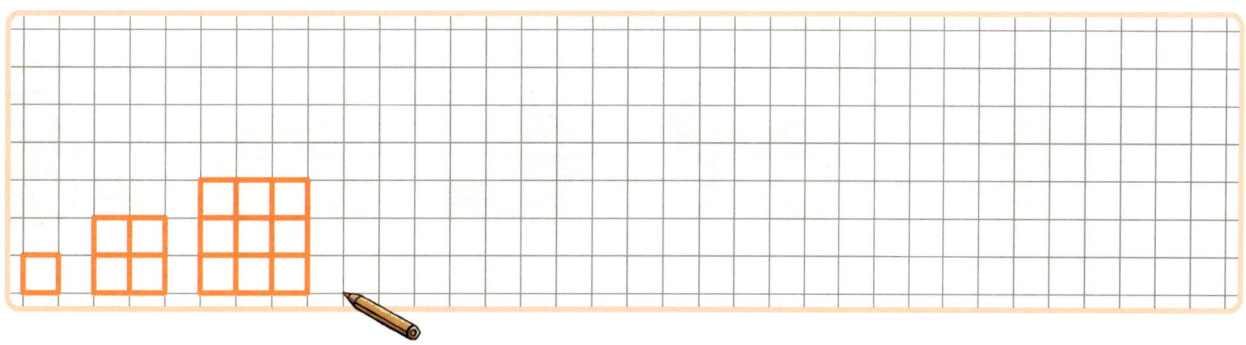

★ unpassende Elemente in Reihen erkennen
★ SF: begründen, warum Elemente nicht in die Reihen passen
★ Bildungsmerkmal einer Reihe erkennen, Reihe fortsetzen

21

1 Stelle dir vor, du gehst die Wege wie die Kinder.
Übersetze die Wegbeschreibungen in Pfeile:

rechts →   links ←   geradeaus ↑

a) →● Tims Weg zu den Nashörnern

geradeaus │↑│, links │←│, rechts │→│, rechts │→│

b) →● Majas Weg zu den Kamelen

geradeaus │   │, links │   │, rechts │   │, links │   │

c) →● Leas Weg zu den Nashörnern

geradeaus │   │, links │   │, rechts │   │, links │   │

d) →● Janeks Weg zu den Pinguinen

geradeaus │   │, rechts │   │, rechts │   │, links │   │, links │   │

2 Die Kinder sehen den Kiosk von unterschiedlichen Seiten.
Schreibe auf, bei welchen Buchstaben die Kinder stehen.

	Tim sieht:	Lea sieht:	Maja sieht:	Janek sieht:
A, D, B, C	B			

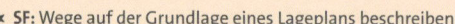

★ SF: Wege auf der Grundlage eines Lageplans beschreiben
★ MK: Wegbeschreibungen in Richtungspfeile übertragen
★ zu vorgegebenen Ansichten die Position des Betrachters finden

1 Zeichne die Wege nach den Vorgaben der Pfeile ein.
Beginne immer bei dem roten Punkt.

a)

→ ↑ → → ↑ →

b)

→ → ↓ → → ↑

c)

→ → ↑ ↑ → →

d)

→ ↑ → ↑ → →

2 Zeichne die Wege nach den Vorgaben ein.
Beginne immer bei dem roten Punkt.

a)

1. 2 Kästchen nach rechts
2. 1 Kästchen nach oben
3. 2 Kästchen nach rechts

b)

1. 1 Kästchen nach rechts
2. 2 Kästchen nach unten
3. 3 Kästchen nach rechts

3 Übertrage den eingezeichneten Weg von 2 a) oder b) in Pfeile.

→

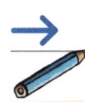

★ MK: durch Richtungspfeile vorgegebene Wege einzeichnen
★ MK: einen Weg nach Vorgaben einzeichnen und in Richtungspfeile übertragen

 D 9   AH 10   **23**

das **Hunderterfeld**

Wenn ich jedem Punkt im **Hunderterfeld** eine Zahl zuordne, erhalte ich die **Hundertertafel.**

1	2	3	4	5	6	7	8	9	10
11	12	13	14	15	16	17	18	19	20
21	22	23	24	25	26	27	28	29	30
31	32	33	34	35	36	37	38	39	40
41	42	43	44	45	46	47	48	49	50
51	52	53	54	55	56	57	58	59	60
61	62	63	64	65	66	67	68	69	70
71	72	73	74	75	76	77	78	79	80
81	82	83	84	85	86	87	88	89	90
91	92	93	94	95	96	97	98	99	100

die **Hundertertafel**

1 Schreibe die markierten Zahlen auf.

a)

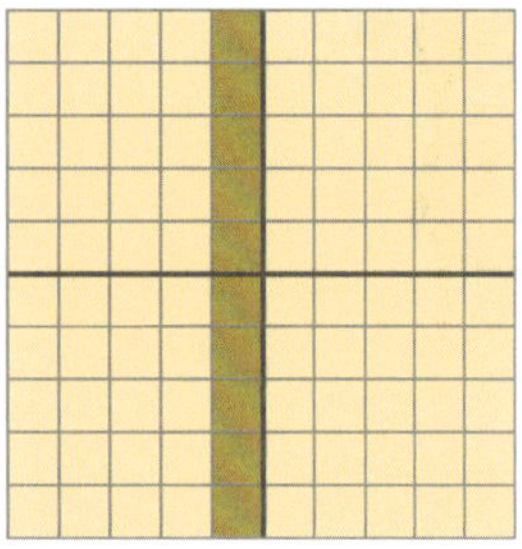

5,

b)

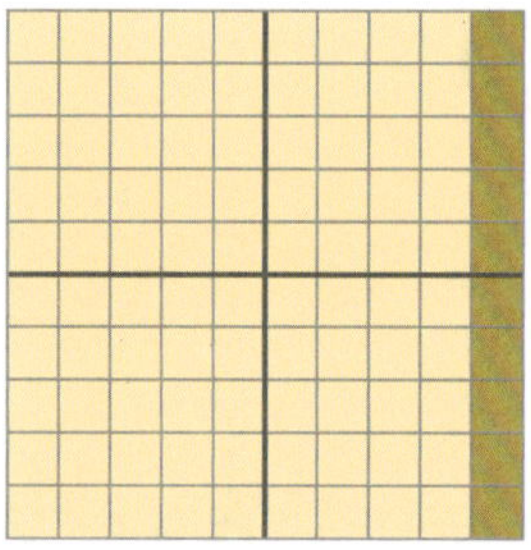

c)

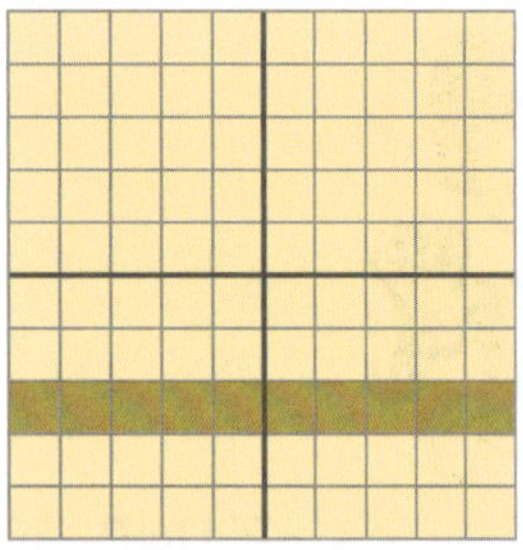

d)

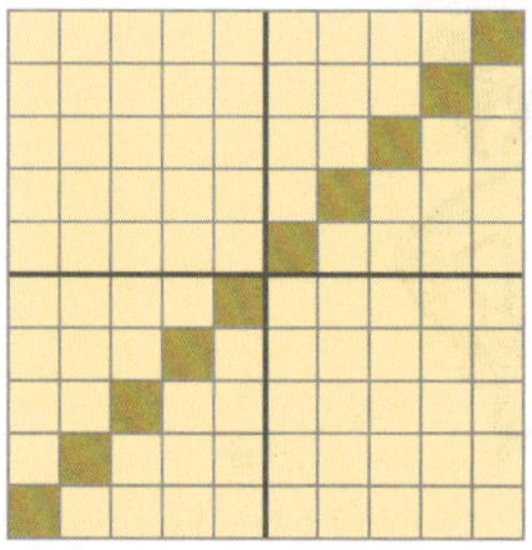

2 Schau dir die Zahlen an, die du in Aufgabe **1** aufgeschrieben hast. Sprich mit einem anderen Kind darüber, was dir auffällt.

★ Aufbau und Struktur der Hundertertafel verstehen und nutzen
★ SF: Aufbau und Struktur der Hundertertafel beschreiben

1 Suche dir ein anderes Kind.
Stellt euch gegenseitig Aufgaben
zur Hundertertafel.

Welche Zahl steht rechts von 46?

Welche Zahl steht über 82?

Welche Zahl steht rechts von 39?

Welche Zahl steht unter 89?

...

Welche Zahl steht rechts von 46? 47

2 Ergänze die fehlenden Zahlen.

a)

23	24	25
33	34	
43		45

46		48
	57	
66		68

18		20
	29	
38		40

b)

	65	
74	75	76
	85	

	2	
11	12	13
	22	

	79	
88	89	90
	99	

c)

52	
62	
82	
	93

	45	
		56
	65	
		76

		19
27		
47		

1 Bestimme die Zahlen, die hinter den Bildern versteckt sind.

2 Suche dir ein anderes Kind.
Stellt euch gegenseitig Aufgaben zur Hundertertafel.

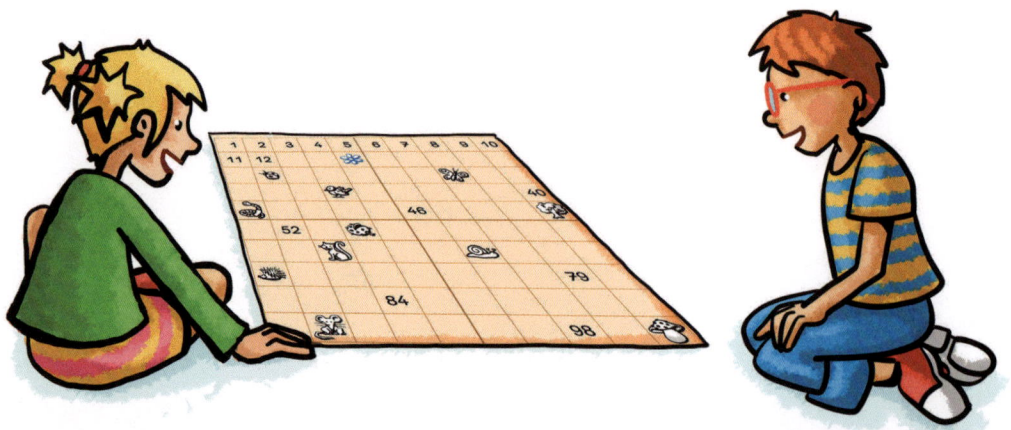

B

★ Kenntnisse über Aufbau und Struktur der Hundertertafel beim Finden einzelner Zahlen nutzen

Die Pfeile beschreiben Wege auf der Hundertertafel. Jeder Pfeil bedeutet: ein Kästchen weitergehen.

1 Finde die Zielzahl. Zeichne den Weg ein.
Schreibe die Zielzahl auf.

1	2	3	4	5	6	7	8	9	10
11	12	13	14	15	16	17	18	19	20
21	22	23	24	25	26	27	28	29	30
31	32	33	34	35	36	37	38	39	40
41	42	43	44	45	46	47	48	49	50
51	52	53	54	55	56	57	58	59	60
61	62	63	64	65	66	67	68	69	70
71	72	73	74	75	76	77	78	79	80
81	82	83	84	85	86	87	88	89	90
91	92	93	94	95	96	97	98	99	100

a)

Start	Weg	Ziel
34	↓↓↓→→→	67
88	←↑↑↑↑→	

b)

Start	Weg	Ziel
53	↓↓↓→→↑	
11	↓→→→→↓	

2 Finde einen Weg von der Startzahl zur Zielzahl.
Zeichne deinen Weg ein und übertrage ihn dann in Pfeile.

1	2	3	4	5	6	7	8	9	10
11	12	13	14	15	16	17	18	19	20
21	22	23	24	25	26	27	28	29	30
31	32	33	34	35	36	37	38	39	40
41	42	43	44	45	46	47	48	49	50
51	52	53	54	55	56	57	58	59	60
61	62	63	64	65	66	67	68	69	70
71	72	73	74	75	76	77	78	79	80
81	82	83	84	85	86	87	88	89	90
91	92	93	94	95	96	97	98	99	100

a)

Start	Weg	Ziel
91		85
2		36

b)

Start	Weg	Ziel
19		55
74		42

★ MK: durch Richtungspfeile vorgegebene Wege in der Hundertertafel finden und einzeichnen
★ zu vorgegebenen Start- und Zielzahlen Wege finden, einzeichnen und mit Richtungspfeilen darstellen

B 27

1 Trage die markierten Zahlen ein.

a)
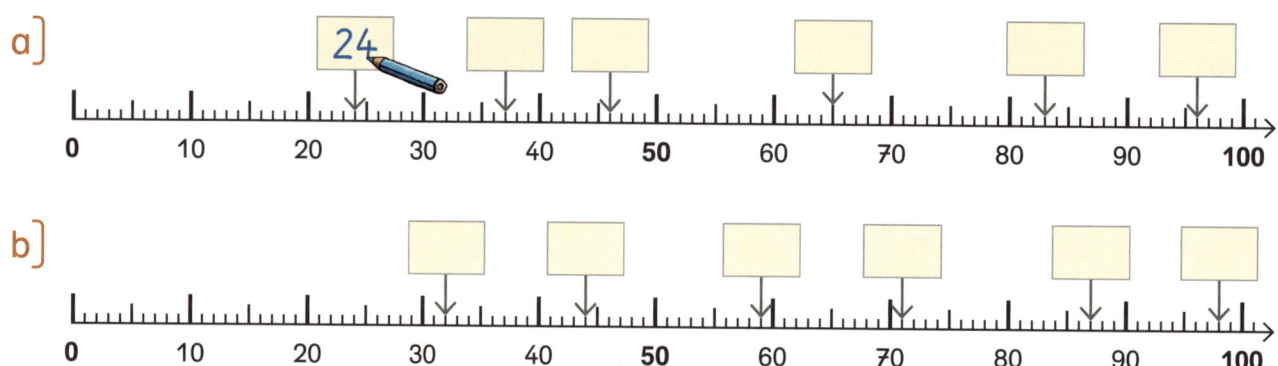

b)

2 Trage die Nachbarzehner ein.

a) 92
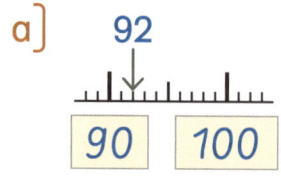

b) 43
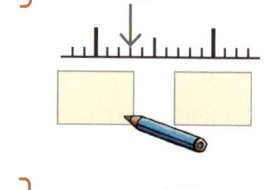

c) 4
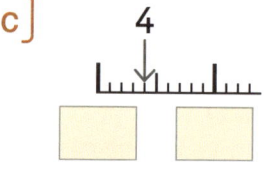

d) 75
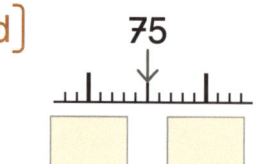

e) 87
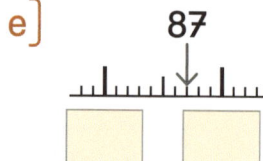

f) 59
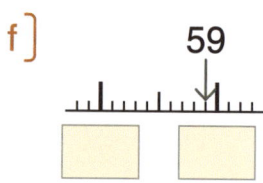

3 Überlege, welche Zahlen markiert sind. Trage sie ein.

a) b)
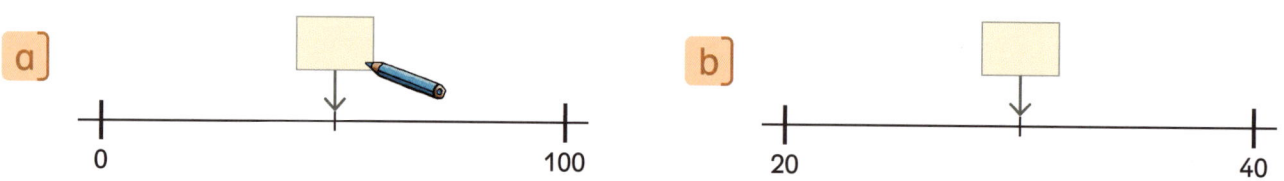

 B  AH 12 ÜH 7

★ Zahlen am Zahlenstrahl ablesen
★ Nachbarzehner an Zahlenstrahlausschnitten ablesen
★ am Zahlenstrich dargestellte Zahlen ermitteln

1 Suche dir ein anderes Kind.
Schreibe eine Zahl zwischen 0 und 100 auf. Dein Partnerkind
nennt dir Vorgänger und Nachfolger und schreibt beide auf.

*Der **Vorgänger** von 38 ist 37.*
*Der **Nachfolger** von 38 ist 39.*

2 Bestimme Vorgänger und Nachfolger.

a) | 44 | 45 | 46 |

b) | | 75 | |

c) | | 29 | |

d) | | 94 | |

e) | | 53 | |

f) | | 60 | |

3 Bestimme die Zahl, die zwischen den beiden Zahlen liegt.

a) | 18 | 19 | 20 |

b) | 56 | | 58 |

c) | 98 | | 100 |

4 Bestimme die beiden Nachbarzehner (NZ).

a) 57

| 50 | 60 |

b) 93

c) 35

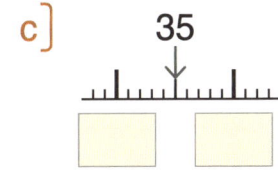

5 Schreibe alle dazwischen liegenden Zahlen auf.

	NZ	Zahl	NZ
a)	0	1,	10
b)	90		100

★ Vorgänger, Nachfolger und Nachbarzehner bestimmen
★ zu vorgegebenen Nachbarzehnern alle dazwischen liegenden Zahlen finden

29

1 Suche dir ein anderes Kind.
Wählt eine Zahl zwischen 0 und 100 aus.
Rollt einen Ball hin und her.

a) Zählt dabei von eurer Zahl aus abwechselnd laut vorwärts.

b) Zählt dabei von eurer Zahl aus abwechselnd laut rückwärts.

2 Ergänze die Zahlenfolgen vorwärts.

a)

34	35		37			40					45

b)

27				31					36		38

c)

		74			77			80		82	

d)

	38			41		43			46		

3 Ergänze die Zahlenfolgen rückwärts.

a)

61	60		58			55					50

b)

	99			96			93				89

c)

		71		69				65		63	

d)

42			39				35		33		

★ Zahlenfolgen vorwärts und rückwärts bilden und ergänzen

1 Ergänze die Zahlenfolgen.
Überlege zuerst, wie du von
einer Zahl zur nächsten kommst.

a]
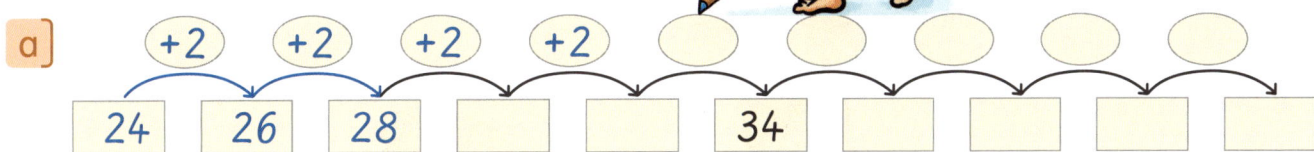

+2	+2	+2	+2						
24	26	28			34				

b]
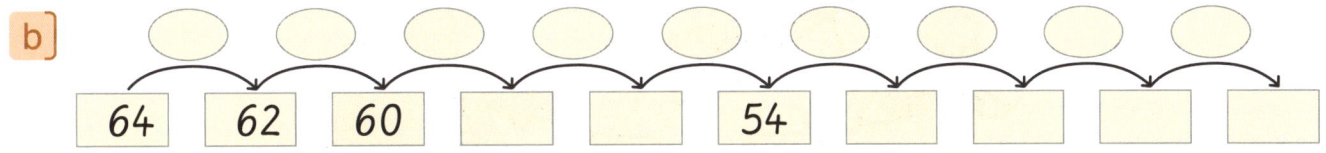

64	62	60			54				

c]
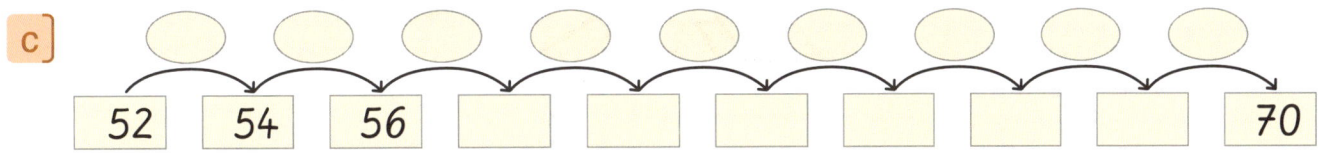

52	54	56							70

d]
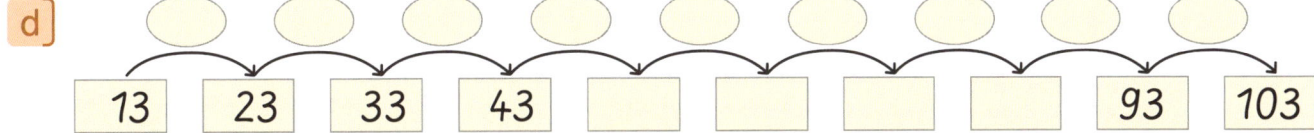

13	23	33	43					93	103

e]
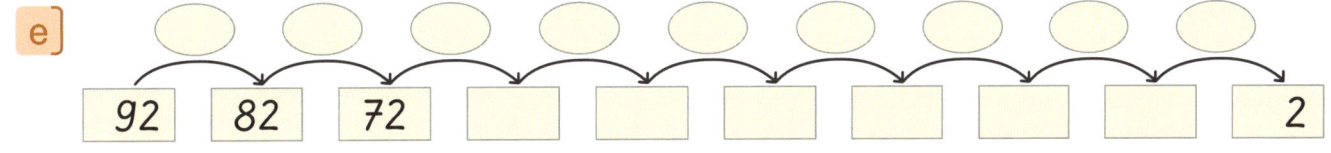

92	82	72							2

2 Verbinde die Zahlenfolgen, die zueinander passen.

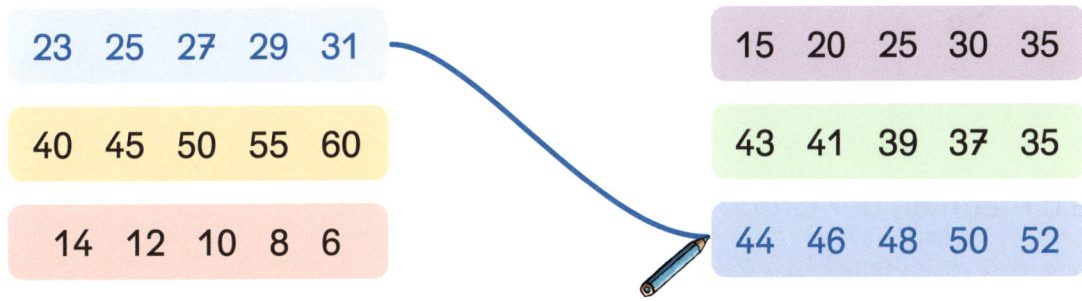

23 25 27 29 31   15 20 25 30 35

40 45 50 55 60   43 41 39 37 35

14 12 10 8 6   44 46 48 50 52

3 Beschreibe die Zahlenfolgen aus **2** einem anderen Kind
und begründe dein Ergebnis.

★ **MK:** Strukturen von besonderen Zahlenfolgen erkennen und diese fortsetzen
★ Zahlenfolgen mit gleichem Bildungsprinzip einander zuordnen, **MK:** Strukturen erkennen,
SF: Zuordnung begründen

31

1 Suche dir ein anderes Kind.
Schreibt zwei Zahlen auf zwei Zettel.
Vergleicht die Zahlen.
Verwendet die Zeichen <, > und =.

2 Setze die Zeichen <, > oder = passend ein.

a) 31 < 35

   13 ◯ 27

   52 ◯ 52

b) 57 ◯ 46

   42 ◯ 54

   39 ◯ 38

c) 32 ◯ 41

   83 ◯ 83

   54 ◯ 45

3 Setze passende Zahlen ein.

a) 31 < 38

   53 < ☐

   62 < ☐

b) 48 > 19

   87 > ☐

   51 > ☐

c) 52 = 52

   16 = ☐

   37 = ☐

4 Ordne die Zahlen der Größe nach.

a) Beginne mit der kleinsten Zahl.

b) Beginne mit der größten Zahl.

75	56	~~28~~	~~35~~

28 < 35 < ☐ < ☐

91 > ☐ > ☐ > ☐

★ Zahlen vergleichen und passende Relationszeichen einsetzen
★ zu vorgegebenen Ungleichungen passende Zahlen finden
★ Zahlen der Größe nach ordnen

1 Male immer die kleinste Zahl rot an.

a] 65 16 36 72

b] 43 34 41 14

c] 34 45 54 43

d] 68 78 28 58

e] 56 59 58 57

f] 27 23 72 32

2 Male immer die größte Zahl gelb an.

a] 75 27 47 83

b] 25 35 52 53

c] 18 26 82 35

d] 64 45 54 46

e] 78 98 38 68

f] 46 47 45 48

3 Male die passenden Zahlen an.

a]
**< 20
kleiner als 20**

12 31 22 11
41 13 9 21
18 81 56 19

b]
**> 20
größer als 20**

25 15 8 53
38 43 24 37
40 13 10 61

c]
**< 50
kleiner als 50**

25 46 48 65
39 51 72 27
61 28 49 44

d]
**> 50
größer als 50**

18 31 29 99
51 75 83 62
68 49 7 38

★ Zahlen vergleichen und nach Vorgabe markieren

1 Ergänze die folgenden Sätze.

a) Im Schwimmerbecken sind [5] Personen.

b) Vor der Rutsche warten [ ] Kinder.

c) Auf der Wiese spielen [ ] Kinder Fußball.

d) Eine Kugel Eis kostet [ ] Euro.

e) Der Bademeister trägt eine _____ Hose.

f) Am Beckenrand sitzen [ ] Kinder.

> Zuerst suche ich das Schwimmerbecken. Dann zähle ich die Personen.

2 Schreibe auf, was du in dem Bild noch entdeckst.

Seite 34 Aufgabe 2
...

★ **MK:** dem Bild relevante Informationen entnehmen und Aussagen ergänzen
★ **SF:** Entdeckungen beschreiben

Ausleihe in der Klassenbücherei der Klasse 2a:

Klasse 2a	Sachbücher	Tiergeschichten	Abenteuergeschichten
1. Halbjahr	9	15	12
2. Halbjahr	17	7	16
insgesamt	26	22	28

1 Besprecht, welche Informationen ihr in der Tabelle findet.

2 Ergänze die Aussagen.

a) Insgesamt wurden 26 Sachbücher ausgeliehen.

b) Insgesamt wurden ____ Tiergeschichten ausgeliehen.

c) Insgesamt wurden ____ Abenteuergeschichten ausgeliehen.

3 Beantworte die Fragen.

a) Welche Bücher wurden im 1. Halbjahr am häufigsten ausgeliehen?

   Im 1. Halbjahr wurden *Tiergeschichten* am häufigsten ausgeliehen.

b) Welche Bücher wurden im 2. Halbjahr am häufigsten ausgeliehen?

   Im 2. Halbjahr wurden _____ am häufigsten ausgeliehen.

c) Welche Bücher wurden insgesamt am häufigsten ausgeliehen?

   Insgesamt wurden _____ am häufigsten ausgeliehen.

d) Welche Bücher wurden insgesamt am seltensten ausgeliehen?

   Insgesamt wurden _____ am seltensten ausgeliehen.

4 Finde eine eigene Frage zu der Tabelle.
Stelle sie einem anderen Kind.

★ SF: in einer Tabelle dargestellte Angaben beschreiben
★ SF/MK: einer Tabelle jeweils relevante Informationen entnehmen
★ SF: eigene Frage einem anderen Kind stellen

 AH 15   35

In der Klasse 2a sind 26 Kinder.
In der Klasse 2b sind 28 Kinder.

Am Sporttag der 2. Klassen gehen 15 Kinder ins Freibad
und 17 Kinder auf den Sportplatz.
18 Kinder gehen zum Turnen in die Sporthalle.
Einige Kinder sind krank.

1 Umkreise jedes Kärtchen in der Farbe des Zettels,
auf dem du die passende Information findest.

Einige Kinder sind krank.

In der Klasse 2a sind 26 Kinder.

Am Sporttag gehen 18 Kinder
zum Turnen in die Sporthalle.

In der Klasse 2b sind 28 Kinder.

Am Sporttag gehen
15 Kinder ins Freibad.

2 Weitere Informationen sind im Text versteckt.
Ergänze die Aussagen.

a Auf dem roten Zettel:

In der Klasse 2b sind ☐ 28 ☐ Kinder.

In der Klasse 2a sind ☐ Kinder weniger als in der Klasse 2b.

b Auf dem gelben Zettel:

Am Sporttag gehen ☐ Kinder auf den Sportplatz.

Am Sporttag gehen ☐ Kinder mehr auf den Sportplatz als ins Freibad.

★ **SF/MK:** in Textform dargestellten Beschreibungen jeweils relevante Informationen entnehmen
★ weitere Informationen ableiten

1 Ergänze die Sätze.

Ich habe 30 Sticker. 10 Sticker fehlen mir noch.

Insgesamt gibt es 40 Sticker.

Heute habe ich 10 € geschenkt bekommen. Jetzt habe ich 40 €.

Zuvor hatte Lea ☐ Euro.

Beim Fußballturnier habe ich in 5 von 7 Spielen mitgespielt.

Bei ☐ Spielen war Ole nicht dabei.

Dieses Jahr darf ich zu meinem Kindergeburtstag 8 Kinder einladen. Das sind 2 Kinder mehr als im letzten Jahr.

Im letzten Jahr hat Meral ☐ Kinder eingeladen.

Jetzt habe ich 40 Tierpostkarten. Vor einem Monat hatte ich erst die Hälfte.

Vor einem Monat hatte Maja ☐ Tierpostkarten.

Für meinen Schulweg brauche ich 15 Minuten. Wenn ich mich beeile, bin ich 5 Minuten schneller.

Wenn Tim sich beeilt, läuft er ☐ Minuten zur Schule.

5 Einem Säulendiagramm Informationen entnehmen

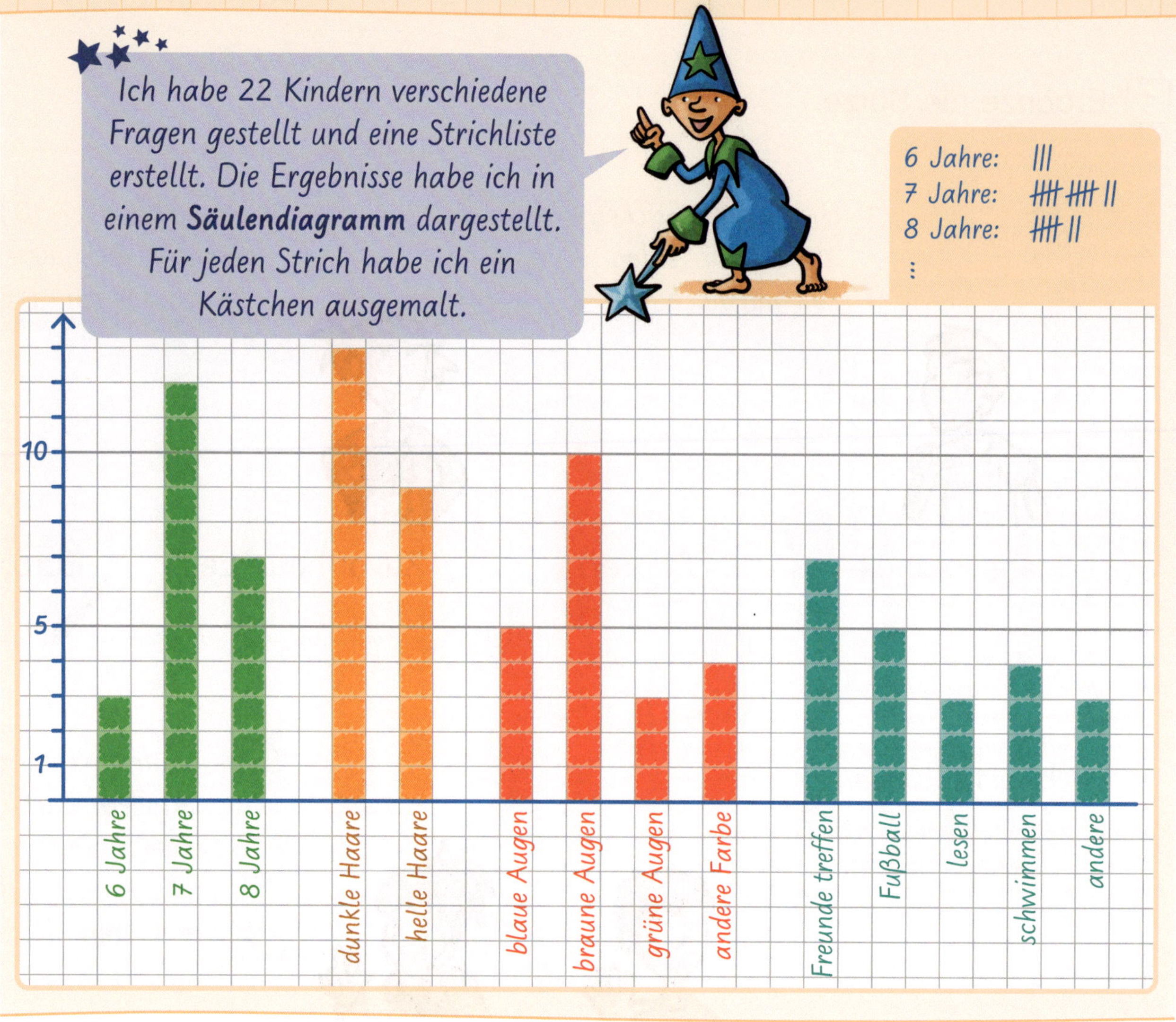

Ich habe 22 Kindern verschiedene Fragen gestellt und eine Strichliste erstellt. Die Ergebnisse habe ich in einem **Säulendiagramm** dargestellt. Für jeden Strich habe ich ein Kästchen ausgemalt.
6 Jahre: |||
7 Jahre: ||||| ||||| ||
8 Jahre: ||||| ||
⋮
10
5
1
6 Jahre
7 Jahre
8 Jahre
dunkle Haare
helle Haare
blaue Augen
braune Augen
grüne Augen
andere Farbe
Freunde treffen
Fußball
lesen
schwimmen
andere

1 In dem Säulendiagramm kannst du viele Informationen ablesen.
Ergänze die folgenden Sätze.

a) Die wenigsten Kinder sind [6] Jahre alt.

b) Es gibt mehr Kinder mit ____________ als mit ____________ Haaren.

c) Die meisten Kinder haben ____________ Augen.

d) Das beliebteste Hobby ist ____________.

2 Schreibe zwei weitere Informationen auf,
die du dem Säulendiagramm entnehmen kannst.

Seite 38 Aufgabe 2
...

★ MK: einem Säulendiagramm jeweils relevante Informationen entnehmen
★ SF: eigene Aussagen zum Säulendiagramm formulieren

Lena und Tim haben die Kinder der Klasse 2a nach ihren Lieblingsbüchern gefragt:

Ich habe eine Strichliste gemacht.

Ich habe ein **Balkendiagramm** gezeichnet. Für jedes Buch habe ich ein Kästchen angekreuzt.

Abenteuerbücher:	ℍℍ IIII
Pferdegeschichten:	ℍℍ ℍℍ II
Sachbücher:	ℍℍ I
Krimis:	ℍℍ
Comics:	III

Abenteuerbücher:	X X X X X X X X X
Pferdegeschichten:	X X X X X X X X X X X X
Sachbücher:	X X X X X X
Krimis:	X X X X X
Comics:	X X X

1 Betrachte mit einem anderen Kind Lenas Strichliste und Tims Balkendiagramm. Vergleicht die beiden Darstellungen. Besprecht, was ihr ablesen könnt.

2 Lies die Informationen in der Strichliste oder dem Balkendiagramm ab. Ergänze die Aussagen.

a) ☐ 3 ☐ Kinder mögen am liebsten Comics.

b) ☐ Kinder mögen am liebsten Abenteuerbücher.

c) ☐ Kinder mögen am liebsten Krimis.

d) ☐ Kinder mögen am liebsten Pferdegeschichten.

e) Die beliebtesten Bücher sind _____ .

3 Finde eine eigene Aussage zu den Darstellungen.

_____

_____

_____

★ SF/MK: Strichliste und Balkendiagramm beschreiben und vergleichen, relevante Informationen entnehmen ★ SF: eigene Aussage zu den Darstellungen formulieren

39

1 Betrachte mit einem anderen Kind die Umfrageergebnisse in den drei Klassen.
Vergleicht die verschiedenen Darstellungen.
Welche Darstellung gefällt dir am besten? Begründe.

2 Trage die Umfrageergebnisse
aus den Klassen 1a, 2a und 3a
in die Tabelle ein.

Lieblingsobst	1a	2a	3a
Äpfel	9		
Bananen			
Beeren			
anderes			

3 Bewerte die Aussagen mit „stimmt" oder „stimmt nicht". Kreuze an.

	stimmt	stimmt nicht
In der Klasse 1a essen 9 Kinder am liebsten Äpfel.	✗	
In der Klasse 3a sind Beeren das Lieblingsobst.		
In jeder Klasse sind Äpfel das Lieblingsobst.		
In jeder Klasse gibt es ein anderes Lieblingsobst.		

4 Mache in deiner Klasse eine Umfrage
zum Thema Lieblingsobst.
Erstelle eine Strichliste und zeichne ein Diagramm.
Wähle selbst eine Darstellungsform.

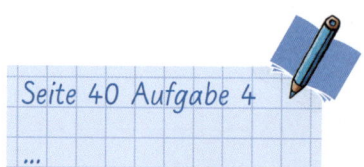
Seite 40 Aufgabe 4
...

AH 17

D 14

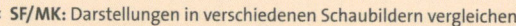
★ SF/MK: Darstellungen in verschiedenen Schaubildern vergleichen
★ MK: Informationen aus Schaubildern ablesen und Aussagen überprüfen
★ SF/MK: Befragung durchführen, Ergebnisse darstellen und in der Klasse vorstellen

Besucherzahlen im Museum	
Montag	
Dienstag	𝚰𝚰𝚰ιι
Mittwoch	𝚰𝚰ιιιι
Donnerstag	𝚰𝚰𝚰𝚰𝚰ι
Freitag	𝚰𝚰𝚰𝚰ιιιιι ι
Samstag	𝚰𝚰𝚰𝚰ιιιιι ιιι
Sonntag	𝚰𝚰𝚰𝚰𝚰 ι

𝚰 = 10 Besucher
ι = 1 Besucher

1 Lies die Besucherzahlen im Schaubild ab.
Fülle die Tabelle aus.

Tag	Besucherzahlen
Montag	0
Dienstag	
Mittwoch	
Donnerstag	
Freitag	
Samstag	
Sonntag	

2 Ergänze die Aussagen.

a) Am Dienstag sind 32 Besucher ins Museum gekommen.

b) Am Freitag sind ⬚ Besucher ins Museum gekommen.

c) Am _____ war das Museum geschlossen.

d) Am _____ sind die meisten Besucher gekommen.

e) Am _____ sind die wenigsten Besucher gekommen.

f) Am _____ sind doppelt so viele Besucher gekommen
wie am Mittwoch.

g) Am Wochenende sind ⬚ Besucher ins Museum gekommen.

★ MK: Daten aus einem besonderen Schaubild in eine Tabelle übertragen
★ MK: einem besonderen Schaubild jeweils relevante Informationen entnehmen

1 Suche dir ein anderes Kind.
Zeigt mit dem Spiegel.

8 Vögel ⊗

6 Ameisen ○

1 Nadelbaum ○

3 Laubbäume ○

8 Salatköpfe ○

Einstern ohne Zauberstab ○

eine kurze Hängematte ○

einen Teich voller Seerosen ○

2 Katzen auf einer langen Bank ○

Picknick für 4 Personen ○

2 Findet weitere Spiegelbilder.

★ Spiegel senkrecht und waagerecht halten und durch Verschieben die geforderten und eigene Spiegelbilder erzeugen

3 Probiert, welche Bilder ihr mit dem Spiegel sehen könnt. Kreuzt an.

a)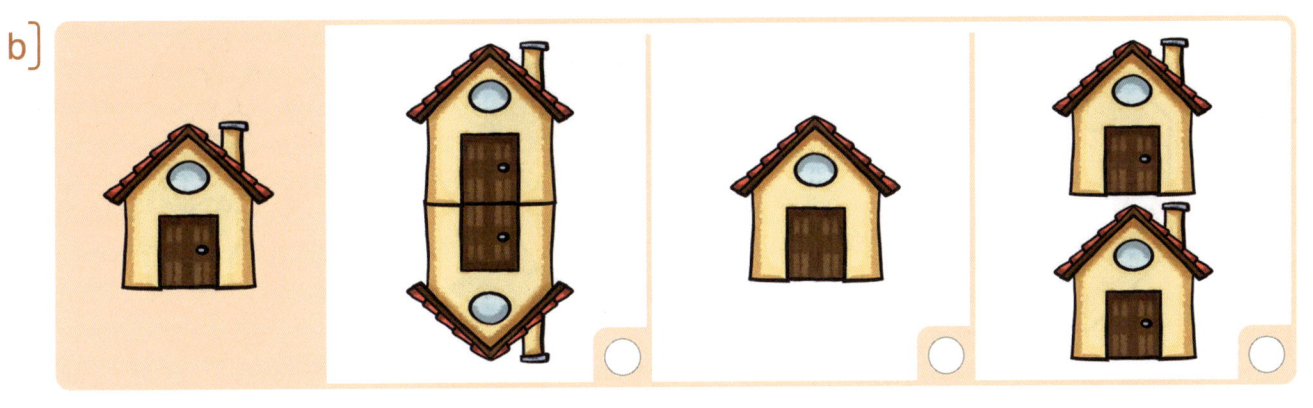

b)

c)

d)

1 Kreuze die symmetrischen Figuren an.

AHA

OMA

HEXE

2 Zeichne die Symmetrieachsen ein.

Zwei Figuren haben zwei Symmetrieachsen.

OHO   OTTO

★ symmetrische Figuren und Wörter erkennen und ankreuzen
★ einen Spiegel als Hilfsmittel benutzen
★ Symmetrieachse(n) finden und einzeichnen

1 Lege symmetrische Figuren oder Muster.

2 Ergänze die Figuren symmetrisch.

a)

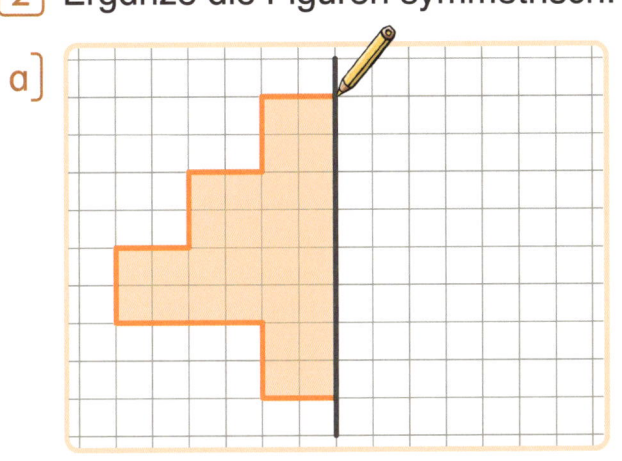
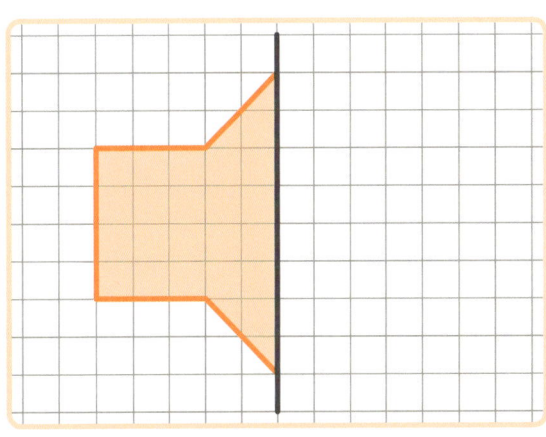

b)

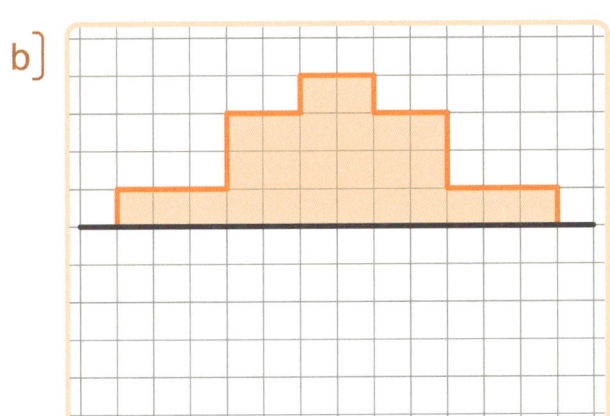
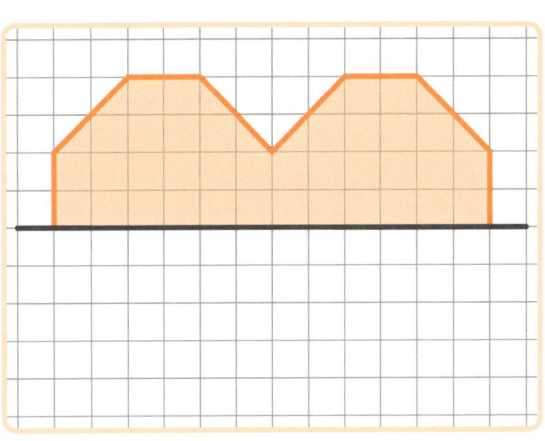

3 Zeichne eine eigene symmetrische Figur.

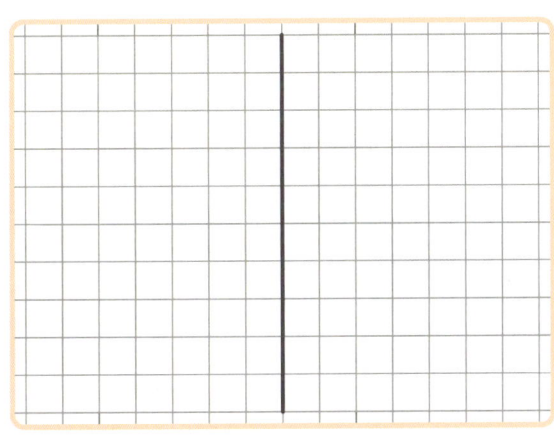

* symmetrische Muster und Figuren legen
* Figuren auf Karoraster symmetrisch ergänzen
* eigene symmetrische Figur an vorgegebener Symmetrieachse zeichnen

 D 17    ÜH 11   AH 19   45

1 Finde immer zwei Fehler und kreise sie ein.

a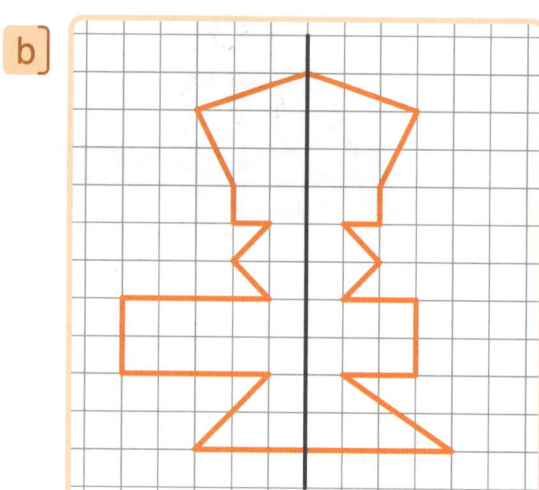

b

c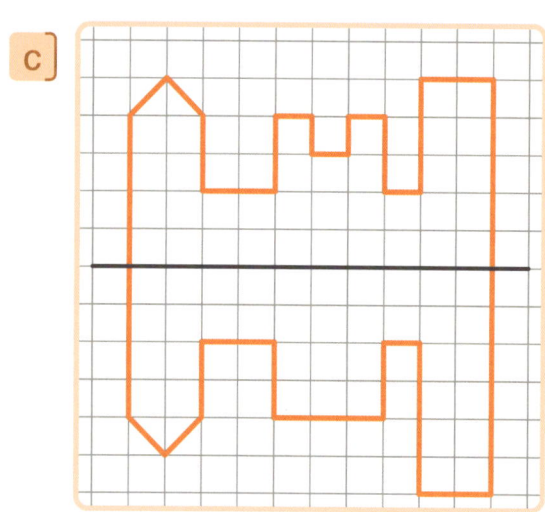

d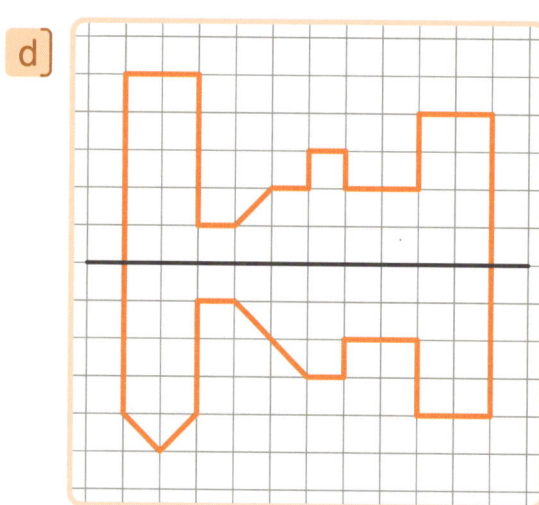

2 Ergänze die Figur symmetrisch.

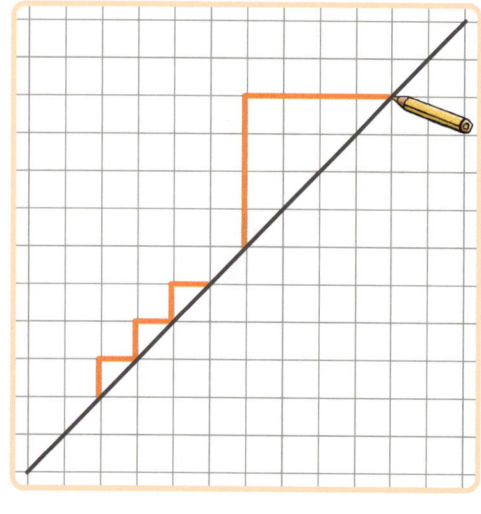

★ Fehler im Spiegelbild erkennen
★ Figur auf Karoraster diagonal symmetrisch ergänzen

Themenheft 1

⭐ Die Zahlen bis 100 ⭐ Muster, Reihen, Wege
⭐ Sachaufgaben Teil 1 ⭐ Symmetrie

Erarbeitet von: Roland Bauer und Jutta Maurach

Redaktion: Sophie Arndt, Agnetha Heidtmann, Friederike Thomas

Illustration: Yo Rühmer

Umschlaggestaltung: Cornelia Gründer, agentur corngreen, Leipzig

Layout und technische Umsetzung: lernsatz.de

Begleitmaterialien für Lernende der zweiten Klasse

Einstern 2 Paket Verbrauchsmaterial	978-3-06-084735-8	BigBook	978-3-06-084796-9
Einstern 2 *leicht gemacht*		BuchTaucher-App	978-3-06-084762-4
Paket Verbrauchsmaterial	978-3-06-084741-9	Interaktive Übungen	978-3-06-084767-9
Arbeitsheft	978-3-06-084758-7	GrundschulTrainer-App	978-3-06-084449-4
Übungssternchen	978-3-06-084732-7		

 Deine **interaktiven Gratis-Übungen** findest du hier:

1. Gib den unten stehenden Zugangscode in die Box ein.
2. Hab viel Spaß mit deinen Gratis-Übungen.

Dein Zugangscode auf
go.cornelsen.de | fgocr-n465g

www.cornelsen.de

1. Auflage, 5. Druck 2024

Alle Drucke dieser Auflage sind inhaltlich unverändert
und können im Unterricht nebeneinander verwendet werden.

© 2021 Cornelsen Verlag GmbH, Berlin

Druck: Athesiadruck GmbH

ISBN 978-3-06-084719-8
ISBN 1100027549 (Themenhefte 1–4 *leicht gemacht* und Diagnose-Sternchen als E-Book)

PEFC-zertifiziert
Dieses Produkt
stammt aus
nachhaltig
bewirtschafteten
Wäldern und
kontrollierten Quellen
PEFC/18-31-166   www.pefc.de

Vorschläge für Plenumsphasen zum vertiefenden Erwerb prozessbezogener Kompetenzen

S. 5   Kinder präsentieren selbst gefundene Beispiele zur Anzahl 100 (Bilder, Fotos und zusammengestellte reale Dinge) (→BigBook: Seite 2)

S. 14   von den Kindern zu Anzahlen bis 100 zusammengestellte Mengen (z. B. Perlen, Büroklammern, Steckwürfel, Bonbons …) schätzen und zählen; unterschiedliche Schätz- und Zählstrategien vorstellen, vergleichen und bewerten

S. 15   Kinder bilden aus Zahlkärtchen mit Zehnerzahlen und Einern zweistellige Zahlen, notieren und benennen diese und beschreiben Unterschiede zwischen Schreib- und Sprechweise; Begegnungssprachen und ggf. nichtdeutsche Muttersprachen der Kinder aufgreifen und Unterschiede bewusst machen

S. 16   Kinder stellen ihre selbst verfassten Zahlenrätsel vor, andere Kinder lösen diese und beschreiben ihre Vorgehensweisen bei der Lösungsfindung

S. 17   Kinder stellen ihre aus Ziffernkarten gebildeten Zahlen vor, sie beschreiben und vergleichen ihre Vorgehensweisen beim Finden möglichst aller Möglichkeiten

S. 22   Kinder orientieren sich auf einem Lageplan und beschreiben den Verlauf von Wegen mithilfe von Lagebegriffen, dabei wechseln sie auch die Position des Betrachters

S. 23   Kinder gehen auch im Klassenraum oder auf dem Schulhof Wege nach mündlichen Vorgaben, sie benennen auch Kriterien guter Wegbeschreibungen (→BigBook: Seite 4)

S. 24   Kinder beschreiben die Anordnung der Zahlen in der Hundertertafel (Zeilen und Spalten) (→BigBook: Seite 6)

S. 34   Kinder stellen Vorgehensweisen beim Lösen einer Fermi-Aufgabe vor, vergleichen und bewerten diese (→BigBook: Seite 8)

S. 38/39/40   Kinder stellen die Ergebnisse ihrer durchgeführten Befragung vor (S. 40 →BigBook: Seite 10)

S. 42   Kinder präsentieren weitere symmetrische Figuren aus dem Lebensumfeld und beschreiben dabei die Eigenschaft „symmetrisch" (→BigBook: Seite 12)

Vorschläge für die Förderung von Medienkompetenz

S. 5   Kinder fotografieren Beispiele zur Anzahl 100 oder schneiden aus Werbeprospekten Abbildungen aus

S. 18/20   Kinder gestalten Reihen/Muster am PC: z. B. Reihen aus Buchstaben oder Zahlen bzw. Reihen oder Muster mithilfe eines Zeichenprogramms

S. 22/23/27   Kinder übertragen Befehlspfeile in Wegbeschreibungen und umgekehrt; sie lernen so eine einfache Symbolsprache kennen, wie sie auch beim Umgang mit digitalen Medien wichtig ist; Kinder programmieren Wege/ Bewegungen am PC

S. 40   Kinder machen eine Umfrage zu ihrem Lieblingsobst, bereiten die Ergebnisse (digital) auf und stellen sie vor; sie vergleichen Darstellungen in Strichlisten, Säulen- und Balkendiagramm, beschreiben Besonderheiten bzw. Vor- und Nachteile der einzelnen Darstellungsformen und überlegen ggf., wo sie die verschiedenen Diagramme im Alltag schon gesehen haben

S. 43   Kinder zeichnen oder fotografieren und präsentieren symmetrische Figuren aus dem Lebensumfeld

Synopse zu den Medienkompetenzbereichen

Suchen, Verarbeiten und Aufbewahren	S. 5, 34–41, 43
Produzieren und Präsentieren	S. 5, 40, 41, 43
Problemlösen und Handeln	S. 18, 20, 22, 23, 27, 31, 40